Hans-Josef Joest **KRAFTAKTE** Ein halbes Jahrhundert Union Kraftstoff in Wesseling

Hans-Josef Joest

KRAFTAKTE

Ein halbes Jahrhundert Union Kraftstoff in Wesseling

ECON

Gestaltung: Karin Büchner, München
Satz: ICS Communikations-Service GmbH,
Bergisch Gladbach
Druck und Bindearbeiten:
Mainpresse Richterdruck, Würzburg
Printed in Germany
ISBN 3 430 15097 3

Vorwort des Aufsichtsratsvorsitzenden

»Tradition heißt, die Gebräuche und Lehren der Vergangenheit in die Zukunft hineinzutragen.« Diese Einschätzung des englischen Historikers Edward H. Carr beschreibt treffend unsere Absicht, aus Anlaß des 50jährigen Bestehens der Union Rheinische Braunkohlen Kraftstoff AG Wesseling eine Zwischenbilanz zu ziehen.

Ein halbes Jahrhundert Firmengeschichte gleichsam als Atempause zu nutzen bietet sich in zweifacher Hinsicht an. Es gilt, Rückschau zu halten in Respekt und Anerkennung früherer Leistungen. Nicht weniger aber empfiehlt es sich, aus den Erfahrungen der Vergangenheit Mut und Einsatzwillen für die Herausforderungen der Zukunft zu gewinnen.

Eine in diesem Sinne lohnende Lektüre wünsche ich zuerst und vor allem den Mitarbeitern der Union Kraftstoff, verbunden mit meinem aufrichtigen Dank für vorbildlichen Einsatz, besonders in den letzten Jahren der durchgreifenden Neustrukturierung und Modernisierung des Unternehmens.

Der Blick zurück kann auch alle diejenigen noch vertrauter mit der UK machen, die sich der petrochemischen Raffinerie in Wesseling verbunden fühlen, sei es als Kunden, Nachbarn, Mitbewerber oder Politiker. Ihnen stellt sich die Union Kraftstoff heute als ein Regionalunternehmen mit bemerkenswert moderner und effizienter Produktionstechnik vor. Zugleich bewahrte sich die UK im Firmenalltag eine wohltuende Überschaubarkeit und sympathische Arbeitsatmosphäre.

50 Jahre Union Kraftstoff – das bedeutet ein ungewöhnliches Maß flexibler Anpassung an dramatisch veränderte Produktionsbedingungen und Marktsituationen. Der Weg vom Hydrierwerk auf Braunkohlebasis zur petrochemischen Raffinerie mit regionalem Markenvertriebsnetz belegt eindrucksvoll den Überlebenswillen der UK-Verantwortlichen und Mitarbeiter, ungeachtet staatlicher Eingriffe in der Anfangszeit oder Herstellungsverboten für Hydrierprodukte in den Nachkriegsjahren bis hin zum harten Wettbewerb mit multinationalen Konzernen auf dem politisch unbeständigen Mineralölmarkt.

Die Firmengeschichte der Union Kraftstoff zeichnet zugleich einen wesentlichen Entwicklungsabschnitt der Region zwischen Köln und Bonn nach. Unübersehbar hat die UK Wesseling ihn mitgeprägt, über lange Jahre als größter Steuerzahler und nach wie vor bedeutender Arbeitgeber.

Der Gang durch die Jahrzehnte veranschaulicht zugleich, wie konsequent RWE und Rheinbraun ihre Aufgabe als Konzernmütter gestaltet haben, wie sehr aktiv sie um Kontinuität bemüht sind. Nichts dokumentiert besser als die Investitionsentscheidungen der letzten Jahre, wie nachhaltig der Konzern in seiner Strategie auch künftig auf die UK mit ihrem gewachsenen Know-how in der Veredlung von Braunkohle setzt.

Zukunft wurzelt in der Vergangenheit. Das Bewußtsein des »Woher?« kann die Gewißheit des »Wohin?« stärken. Der begründete Stolz auf die Leistungen der Vorgänger vermag Mut zu machen für die Bewährungsproben von morgen.

Deshalb wünsche ich diesem Buch, daß es nicht nur die Geschichte der UK darstellt, sondern zugleich zu einem Dialog zwischen Vergangenheit und Gegenwart wird, der Kraft gibt zur Bewältigung der sicherlich nicht leichten Zukunftsaufgaben.

Dr. Friedhelm Gieske

Das Zukunftsprogramm

Technisch modern, finanziell gesichert und effektiv im Vertrieb

Wer läßt sich ausgerechnet an seinem 50. Geburtstag gern an die lebensbedrohende Situation erinnern, die er vor drei Jahren überstehen mußte? Solche Gelassenheit bringt wohl nur jemand auf, der im Gefühl seiner wiedererstarkenden Kräfte vertrauensvoll nach vorn schaut. Den doppelten Glückwunsch zu Geburtstag und Genesung kann die Union Rheinische Braunkohlen Kraftstoff AG (UK) entgegennehmen.

Noch im Dezember 1983 schien die petrochemische Raffinerie in Wesseling am Rhein zwischen Köln und Bonn im Strudel des dramatischen Strukturwandels in der deutschen Mineralölwirtschaft unterzugehen. Eine Million Mark Verlust pro Tag, dringender Modernisierungsbedarf in einer Größenordnung von mehr als einer halben Milliarde Mark, ein Minderheitsgesellschafter, der sich aus dem Unternehmen zurückziehen wollte und dessen langfristige Bindung als Großkunde nicht abgesichert war – diese schon nahezu ausweglose Situation ließ UK-Vorstandsmitglied Dieter Kempermann im nachhinein urteilen: »Es drohte der wirtschaftliche Tod eines voll funktionsfähigen Unternehmens, das ›Aus‹ war eine echte Realität.«

1983 entwickelte sich zum Schicksalsjahr der Union Kraftstoff, auch wenn das halbe Jahrhundert Firmenhistorie weitere schwierige und einschneidende Zwangslagen kennt. Daß die dramatische Rettungsaktion gelang und die UK kaum drei Jahre später zuversichtlich in die Zukunft blickt, ist einer beispielhaften Anstrengung von Aktionären, Management und Belegschaft zu danken – einem für die 50jährige Firma bezeichnenden Kraftakt.

Ungewißheit kennzeichnete die Stimmung Anfang Dezember 1983. Würde es weitergehen – und wie?

Überlebenskampf in der deutschen Mineralölbranche

Von den Politikern in Bonn war keine Hilfe zu erwarten. Im Gegenteil, sie stachelten mit ihrem Schlagwort »Weg vom Öl!« den Verdrängungswettbewerb in der Mineralölindustrie noch an. Während selbst die Stahlmanager an Ruhr und Saar dankbar Zuwendungen aus Bonner und Brüsseler Hilfskassen entgegennahmen, verbat sich die Ölbranche jeden Ruf nach Subventionen. Wer anders als die UK Gewinne aus deutschen Ölquellen gegen Verluste beim Verarbeiten aufrechnen konnte, sah sich besser für den Überlebenskampf gewappnet. Nach den beachtlichen Sparerfolgen der Ölverbraucher und dem Erstarken der Konkurrenzenergien mußten Mineralölanbieter aus dem deutschen Markt ausscheiden, das war klar – aber wer?

Die bangen Fragen der Wesselinger Belegschaft konzentrierten sich deshalb auf die Aktionäre der Union Kraftstoff, nämlich die zum Rheinisch-Westfälischen Elektrizitätswerk AG (RWE) gehörenden Rheinischen Braunkohlenwerke AG, im Besitz von 75 Prozent der UK-Aktien, und den Minderheitspartner Hoechst AG. Würden sie der Herausforderung der internationalen Mineralölgesellschaften Paroli bieten?

Über seine Braunkohleunternehmen war das RWE seit den Anfängen bei der Union Kraftstoff finanziell engagiert. Ab 1957 bestand ein Organschafts- und Ergebnisübernahmevertrag der UK mit den Rheinbraun-Vorgängergesellschaften RAG und Roddergrube AG. Seither ist UK Tochter von Deutschlands größtem Braunkohleproduzenten mit heute über 100 Millionen Tonnen jährlicher Förderleistung und Enkelin des größten deutschen Stromerzeugers RWE. Zum Essener Energiekonzern mit fast 30 Milliarden Mark Umsatz und über 70 000 Mitarbeitern zählen Beteiligungen an so international renommierten Unternehmen wie der Heidelberger Druckmaschinen AG oder Hochtief AG. Kam es dem RWE da noch auf 5 Milliarden Mark Umsatz und 2600 Mitarbeiter bei der UK mehr oder weniger an – zumal im Mineralölbereich, der sich neben den

Die UK aus der Vogelperspektive: Das Werksgelände entlang des Rheins, mit Bereitschaftssiedlung

schwerpunktmäßigen Engagements bei Kernenergie und Braunkohle eher bescheiden ausnahm? Auf bohrende Fragen von Journalisten bei der Erläuterung der RWE-Bilanz kündigte UK-Aufsichtsratsvorsitzender und RWE-Vorstand Dr. Friedhelm Gieske im Januar 1983 eine grundlegende Entscheidung für die Zukunft der Union an: »So wie bisher kann es nicht weitergehen.«

Steigen die Kuwaitis in Wesseling ein?

Nicht weniger kritisch betrachteten auch die Manager des Frankfurter Chemiekonzerns Hoechst ihr weiteres Engagement in Wesseling. Die überraschende Verknappung des unentbehrlichen Chemierohstoffs Erdöl nach der ersten Versorgungskrise 1973 hatte den langjährigen UK-Hauptkunden zum Jahresbeginn 1976 veranlaßt, 25 Prozent der Anteile an der Union Kraftstoff zu erwerben. Die Union sollte den Nachschub für die Kunststoff- und Synthesefaserfabriken in Knapsack, Frankfurt und Oberhausen sichern – und sei es in Zukunft mit chemischen Basiserzeugnissen aus heimischer Braunkohle.

Doch die Versorgungslage änderte sich rasch wieder. Zunächst drosselte die Konjunkturflaute in der Chemie den Bedarf an petrochemischen Einsatzstoffen drastisch. Dann ließ die Entwicklung der internationalen Großchemie in Richtung Pharma, Gentechnologie und Kommunikationstechnik auf Dauer Engagements in solche Zukunftsfelder für die Frankfurter vordringlicher erscheinen als eine kostspielige Rückversicherung im Rohstoffsektor. War die UK in der Hoechster Konzernstrategie also bereits abgeschrieben?

Im Herbst 1983 bestätigte der Vorstandsvorsitzende der Hoechst AG, Professor Dr. Rolf Sammet, immerhin öffentlich die »verzweifelte Suche nach einem Überlebenskonzept«. Fortan hielt sich das Gerücht, die UK könne unter kuwaitischen Einfluß geraten. Dem Ölscheichtum, im Besitz von rund einem Fünftel der Hoechst-Aktien, wurde Interesse nachgesagt, zur besseren Vermarktung seines Rohöls in Europa sich an einer deutschen Raffinerie zu beteiligen, womöglich in Wesseling.

Und wie schätzte das Management der Union die Lage ein? Es hatte die dramatische Entwicklung keineswegs tatenlos über sich hereinbrechen lassen. Seit Ende der siebziger Jahre arbeiteten die Verantwortlichen intensiv an einem Überlebenskonzept. Es sollte die Raffinerie modernisieren, die Finanzkraft des Unternehmens stärken und die Vermarktung vor allem der Mineralölprodukte schlagkräftiger gestalten.

Doch würden die Eigner den Managern vor Ort die Chance einräumen, die Gestaltungskraft ihrer Ideen zu beweisen? Die zurückhaltende Einstellung des Aufsichtsrates gegenüber nötigen Investitionen stimmte wenig optimistisch. Dabei konnte das technische Vorstandsmitglied Dr. Reiner Kühn eine vielversprechende technische Lösung für das Hauptproblem der UK vorweisen: den Ersatz des teuren Einsatzstoffes Naphtha für die Olefinanlagen, die

Preiskampfplatz Tankstelle

Autofreier Sonntag: Die erste Ölkrise 1973 ließ die Bundesregierung zu psychologischen Sparmaßnahmen greifen wie etwa dem Fahrverbot

Produktionsstätten des Ausgangsmaterials von Kunststoffen und Synthesefasern, durch kostengünstigere schwere Rohstoffe. Vorerst jedoch fand sich keine Mehrheit im Aufsichtsrat des Unternehmens für kostspielige Umrüstungen. Die Folge: 1983 verlor die UK an jedem Tag eine Million Mark.

»Lieber ein Ende mit Schrecken . . .«

Diese dramatisch schlechte Ertragssituation mußte die Belegschaft an der Zukunft ihres Unternehmens zweifeln lassen. Bohrende Fragen begegneten Willi Garagnon, dem Betriebsratsvorsitzenden, wo immer er mit Kollegen zusammenstand. Seit 1960 Betriebsrat und seit 1962 Arbeitnehmervertreter im Aufsichtsrat, suchte der Berzdorfer Gerüstbauer deshalb das Gespräch mit Friedhelm Gieske. Der Aufsichtsratsvorsitzende sicherte ihm zu, daß sich das Schicksal der Union noch vor Jahresende 1983 entscheiden werde. Garagnon nahm immerhin eine Gewißheit mit: »Lieber ein Ende mit Schrecken als ein Schrecken ohne Ende.«

Währenddessen untersuchte Dr. Heinz Jürgen Schürmann vom Energiewirtschaftlichen Institut der Universität Köln im Auftrag des Bonner Wirtschaftsministers die »Anpassungsprozesse« auf dem deutschen Ölmarkt, so der verharmlosende politische Sprachgebrauch. Akribisch trug der Wissenschaftler zusammen, was zu der tiefgreifenden Strukturkrise geführt hatte: Mit dem Wiederaufflammen des arabisch-israelischen Konflikts hatte sich die internationale Energiesituation im Oktober 1973 verändert. Das erste Energieprogramm der Bundesregierung von 1973 prophezeite für 1985 noch einen Gesamtenergieverbrauch von 610 Millionen Tonnen Steinkohleneinheiten (SKE). Tatsächlich würde die Bundesrepublik zu diesem Zeitpunkt mit knapp zwei Drittel Energie auskommen, exakt 387 Millionen Tonnen.

Diese Diskrepanz zwischen Wunsch und Wirklichkeit bekam die Mineralölbranche unnachgiebig zu spüren. Sie mußte zwangsläufig schrumpfen, während die Preise stiegen. Schürmann notierte: 1973 kostete das Faß Rohöl 3,39 Dollar, ein Jahr später schon 11,29 Dollar. Bis 1979 blieb die steigende Tendenz moderat. 18,67 Dollar kostete das Faß, bevor die zweite Ölpreisexplosion nach dem Ausfall der iranischen Quellen das flüssige Gold auf 34,50 Dollar pro Faß im Jahr 1981 hochtrieb – eine Verzehnfachung gegenüber 1973.

Nur weg vom Öl, propagierten die Politiker, die sich nun von der Wissenschaft die Folgen ihrer Parolen analysieren ließen. Das Schweröl verschwand aus den Kesseln der Kraftwerke, Dämmstoff und Doppelscheiben zügelten den Durst der Ölheizungen. Besaß das Öl 1973 noch 55 Prozent Anteil am deutschen Energiekonsum, sackte diese Marke bis 1982 auf 44 Prozent ab.

Doch Anfang der siebziger Jahre hatten die Mineralölmanager wie die Politiker auf Expansion gesetzt. Deshalb stieg die Raffineriekapazität im Bundesgebiet, 1970 bei 120,3 Millionen Tonnen Verarbeitungsleistung, bis 1978 auf ihren Höchststand von 159,4 Millionen Tonnen. Von nun an ging es bergab. 1985 sollte nur noch die Hälfte des Volumens übriggeblieben sein, genau 86,8 Millionen Tonnen. Heinz Jürgen Schürmann attestierte der Branche nicht allein zu viele, sondern auch die »falschen« Raffinerien, nämlich Heizölanlagen mit einfacher Primärdestillation und zuwenig Crackkapazität zur Weiterverarbeitung schwerer Ölbestandteile. Wesseling dagegen bescheinigte der Energiewissenschaftler: »Starker Chemieverbund, relativ komplexe Verarbeitungsanlage mit sehr hohen Konversionsanteilen.«

Todesurteil für die UK am grünen Tisch?

Aber die Bundesrepublik ist ein offener Markt ohne jede Regulierung der Ölimporte. Deshalb entwickelt sie

Flexible Versorgung der Ethylenanlagen: Je nach Preisniveau wird entweder zugekauftes Naphtha oder hydriertes Vakuumdestillat aus eigener Produktion eingesetzt

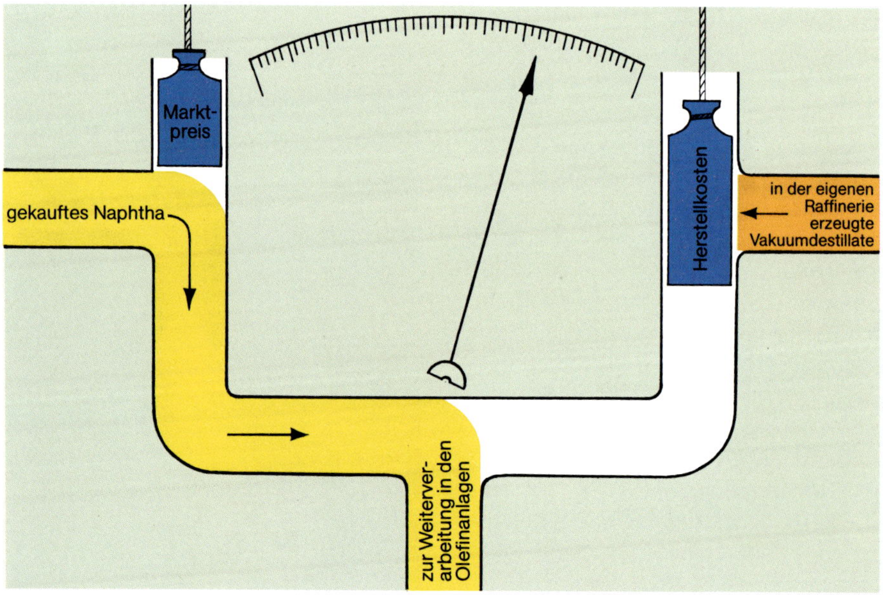

Die Vakuumdestillation wurde während des laufenden Betriebes der Rohölaufbereitung montiert und in Betrieb gesetzt. Sie arbeitet die Rückstände aus der atmosphärischen Destillation auf

eine Sogwirkung für Fertigprodukte vom Rotterdamer Spotmarkt, was die Auslastung der Raffinerien weiter erschwerte. Die betriebswirtschaftlichen Konsequenzen dieses Importdrucks, der Überkapazitäten und der Konjunkturflaute fielen entsprechend düster aus. Mit Ausnahme des Jahres 1979 machten die Firmen von der Ölkrise 1973 bis 1983 in der Mineralölverarbeitung Verluste. Ein Unternehmen wie die UK, das gegen die enormen Einbußen keine Erträge aus der inländischen Ölförderung setzen konnte, sah sich an den Rand des Abgrunds gedrängt. Der Energieforscher Schürmann bestätigte in seinem Gutachten für Bonn die Befürchtungen der Wesselinger Belegschaft bündig: »Raffineriezukunft ungewiß.« Sein Pessimismus steigerte sich im Lauf der Untersuchung. Bei der nächsten Erwähnung der Union Kraftstoff urteilte er bereits: »Zukunft der Wesselinger Raffinerie sehr ungewiß.« Schließlich senkte der Energieexperte den Daumen über die UK: »Wohl kaum überlebensfähig.« Aber Totgesagte leben länger.

Während der Wissenschaftler am grünen Tisch schon den Totenschein ausstellt, suchen die Verantwortlichen bei RWE, Rheinbraun, Hoechst und der Union unbeirrt nach einem Überlebenskonzept. Anfang Dezember 1983 spüren alle Beteiligten, daß die richtungweisenden Entscheidungen unmittelbar bevorstehen. Die UK-Belegschaft hält den Atem an. Erwartungsvoll blicken alle nach Frankfurt. Wie wird sich Hoechst verhalten? Kehrt der Chemiekonzern Wesseling völlig den Rücken, als Gesellschafter, als bedeutender Abnehmer von Grundchemikalien?

Am Morgen des 9. Dezember 1983 sendet Frankfurt das entscheidende Signal. Die schlechte Nachricht zuerst: Hoechst gibt seine 25prozentige Beteiligung an UK zurück. Aber die gute Nachricht: Der Frankfurter Chemiekonzern bindet sich durch einen langfristigen Olefinvertrag und entscheidet sich damit für UK und gegen vorliegende Alternativangebote starker Wettbewerber.

Damit macht die Realisierung einer technischen Idee Sinn, mit der

Produktverteilung: Für den Laien ein Gewirr von Armaturen und Rohrleitungen

das Management in Wesseling die Produktionskosten für Ethylen drosseln möchte. Seit die UK 1973 3 Olefinanlagen mit insgesamt 480 000 Tonnen Kapazität besaß, konnte die eigene Raffinerie nur die Hälfte des jährlichen Rohstoffeinsatzes von 1,5 Millionen Tonnen Naphtha bereitstellen. Um Marktrisiken bei den Zukäufen zu vermeiden, suchten die Techniker deshalb nach anderen Olefinrohstoffen innerhalb des Wesselinger Produktionsprogramms.

Kostengünstiger Rohstoff für Ethylenanlagen

Beim Wiederaufnehmen von Hydrierversuchen im Hochdruck fanden die UK-Forscher heraus, daß unter den aus Schweröl hydrierten Destillaten ein Spaltprodukt anfiel mit Eigenschaften, wie es die Olefinanlagen erforderten. Zu gleicher Zeit sammelten Spezialisten der amerikanischen Firma Lummus bei Hydriertests in ihren Labors ähnliche Erfahrungen. Ein Symposium brachte die Forscher aus beiden Häusern zusammen. Noch am gleichen Abend schmiedeten sie gemeinsame Pläne. Schon bald gingen mehr als 40 Katalysatoren in den Test, um die Wirtschaftlichkeit des Verfahrens zu verbessern.

Die politisch gesteuerte Verdrängung des Schweröls aus den Kraftwerken Ende der siebziger Jahre machte diese Forschungen noch in zweiter Hinsicht interessant. Für die zwangsläufig in der Raffinerie anfallenden Heizöle mußten neue Absatzkanäle erschlossen werden, zum Beispiel als Ausgangsstoff zur Ethylenproduktion. Bald stand das neue Konzept fest: Destillate aus einer neu zu errichtenden Vakuumkolonne sollten mit Wasserstoff aus den Gaserzeugungsanlagen der ehemaligen Ammoniakproduktion in vorhandenen Hochdruckreaktoren hydriert werden und eine der beiden umgebauten Ethylenanlagen mit diesem Naphthaersatz versorgen. Das Ja der Hoechster zu einem langfristigen Ethylenbezug aus Wesseling räumte dieser technischen Strategie Zukunft ein, wenn die Aktionäre zum entsprechenden finanziellen Engagement bereit sein würden.

So konzentriert sich alles Interesse auf die Sitzung des Aufsichtsrats am 15. Dezember. Den langfristigen Olefinvertrag mit Hoechst im Blick und künftig wieder im Alleinbesitz des UK-Aktienkapitals, zeigen die Vertreter von RWE und Rheinbraun Bereitschaft, eine halbe Milliarde Mark Investitionen zu wagen. Erfahrungen bei Projekten wie Braunkohletagebau oder Kraftwerke lassen sie vor solchen Größenordnungen nicht zurückschrecken, wenn sie nur zukünftig Erfolgschancen verheißen und damit die Option für eine spätere weitere Veredlung von Braunkohle offenhalten.

»Wenn Sie sagen, es geht weiter mit der UK . . .«

Doch dieser Kraftakt erscheint nur dann realisierbar, wenn ihn durchgreifende Rationalisierungsmaßnahmen begleiten. Seit Anfang der achtziger Jahre hat das Management die Mitarbeiterzahl bereits um 400 vermindert. Jetzt steht eine neue Forderung im Raum: der Abbau des Personals um 600 auf eine Belegschaft von 2000. Willi Garagnon ist angesprochen. Nachdem Friedhelm Gieske die Zahl genannt hat, herrscht im Sitzungszimmer beklemmende Stille.

Als erster in der Runde ergreift Willi Garagnon das Wort: »Herr Gieske, wenn Sie sagen, es geht weiter mit der UK, dann steht die Arbeiterschaft hinter Ihnen.« Was dieses Ja bedeutet, bewertet Vorstandsmitglied Dieter Kempermann später in seiner Silvesteransprache: »Als die Arbeitnehmerseite sich zu dem Entschluß durchgerungen hatte, das ganze Konzept, einschließlich Personalabbau, im Aufsichtsrat mit zu vertreten, war das Eis gebrochen – die Vorwärtsstrategie war durch diesen letzten Beitrag eine echte Möglichkeit geworden.«

Die Vereinbarung zwischen Management und Betriebsrat macht diesen Zusammenhang anschaulich. »Zur Abwendung einer Totalstillegung hat der Vorstand dem Aufsichtsrat neben anderen Maßnahmen eine Reduzierung der Belegschaft auf 2000 Mann in Aussicht gestellt«, heißt es dort. »Die Anteilseigner sind bereit, unter dieser Voraussetzung Investitionen von mehr als 400 Millionen Mark zu tätigen, die die Wettbewerbsfähigkeit des Unternehmens auf dem Mineralöl- und Olefinsektor sicherstellen sollen.«

Spätabends fragt sich Garagnon daheim: »Ich habe ja gesagt, welche Prügel werde ich bekommen?« Doch er zweifelt nicht an der Richtigkeit seiner Zusage: »Es war meine schwerste Entscheidung, aber für mich war wichtig, die UK bleibt bestehen.« Am folgenden Tag billigt der Betriebsrat einstimmig das Arbeitnehmervotum im Aufsichtsrat, ein Flugblatt informiert die Mitarbeiter.

Großbaustelle Xylolanlage: Angelieferte Behälter warten auf ihre Montage

Fortan gilt Garagnons ganzer Einsatz einer fairen Abwicklung des Personalabbaus, vorwiegend durch Frühpensionierungen. »Ich war froh, so lange die Aufgabe als Betriebsratsvorsitzender wahrgenommen zu haben, denn jetzt konnte ich mit meiner ganzen Erfahrung helfen.« Offenbar spüren das auch seine Gesprächspartner, denn Garagnon erfährt: »Trotz allem hatten wir das Vertrauen der Betroffenen.«

Eine Welle der Solidarität in Wesseling

Die Stadtverwaltung Wesseling beschäftigt den ersten Freigestellten im Fuhrpark. Bürgermeister Alfons Müller will dies bewußt als Geste gegenüber dem traditionell größten Steuerzahler verstanden wissen: »Es muß jetzt eine Welle der Solidarität durch die Stadt gehen.« Bei der UK vollzieht sich fortan eine beispielhafte Gemeinschaftsaktion von Vorstand, Aktionären und Mitarbeitern.

Für das Investitionsprogramm bringt das Management seine planerischen Vorarbeiten ein und führt die Anstrengungen zur Konsolidierung ebenso konsequent weiter wie den Aufbau eines Marketingsystems mit einem eigenen Vertriebskonzept für Kraftstoffe. Außerdem trennt sich der Vorstand von allem, was die klare Weichenstellung in die Zukunft behindert – so etwa vom Tankergeschäft. Nicht allein sind Charterkontrakte längst günstiger zu haben, als die Eigenfahrt bei ungeschönter Kalkulation schaffen kann. Je nach Angebotslage erlaubt der Fremdtransport zudem einen preisflexibleren Kauf kleinerer Ölpartien und mindert obendrein die kostspieligen Lagerbestände.

Die Eigner statten die Union großzügig mit Finanzmitteln aus. Die Gesellschaft selbst unternimmt alle Anstrengungen, die Bindung von Finanzmitteln, insbesondere in den Rohöl- und Fertigproduktvorräten, auf das Notwendigste zu beschränken. Damit lassen sich teure Kredite ablösen. Vorstandsmitglied Horst J. Köhler erläutert: »Es galt, den Wettbewerbsnachteil gegenüber den wohlhabenden internationalen Mineralölunternehmen im finanziellen Sektor zu beseitigen. Zeitweise haben Fremdmittel von einer Milliarde Mark die Union mit jährlichen Zinsaufwendungen von über 100 Millionen Mark belastet.« Außerdem mobilisiert das Unternehmen durch den Verkauf eines wertvollen, jedoch für die Eigenversorgung unbedeutenden Ölfelds in der britischen Nordsee stille Reserven und finanziert damit das Investitionsprogramm weitgehend aus eigener Kraft.

Die Belegschaft schließlich trägt den neuen Aufbruch engagiert mit, was sich während der Abwicklung des Investitionsprogramms in einer Rekordzeit bei laufendem Normalbetrieb eindrucksvoll zeigt. Vier Zielen dienen die Investitionen: in der Petrochemie von Naphtha auf billigere Schwerölfraktionen umzusteigen, alte Anlagen zu ersetzen, durch bessere Technik Energie zu sparen und wachsende Anforderungen im Umwelt-

Maßarbeit: Spezialisten senken das Unterteil einer Kolonne millimetergenau auf die Ankerschrauben herab

schutz zu erfüllen. Nachdem alle planerische Tätigkeit Anfang 1983 eingestellt worden ist, kommt die Arbeit ein Jahr später nur mühsam wieder in Gang. Doch es bleiben nur 21 Monate Zeit. Wieder einmal beweist die UK, daß sie Kraftakte zu meistern versteht.

Keine Freiflächen mehr im Werk: Überall lagern Rohrleitungsteile, Armaturen, Apparate

Unnachgiebiges Zeit- und Kostendiktat

Zwölf verschiedene Neuanlagen, ob Vakuumdestillation oder Platformer, müssen in den laufenden Produktionsbetrieb integriert werden. Sechs unterschiedliche Baustellen gilt es in täglichen Montagegesprächen bei den Hauptbauleitungen zu koordinieren. Während Großteile bei den Herstellern gefertigt werden, laufen die Detailarbeiten für Leitungen und Regeltechnik an. Lieferzeiten für Kompressoren und Pumpen lassen Schlimmes befürchten, Umdisponieren hilft weiter. Wohin nur mit den Tonnen von Baumaterial? Allein an Rostschutzfarbe werden 110 Tonnen verbraucht. Kein Fleck im Werk, auf dem sich nicht Rohre stapeln, mit einer Kombination aus Buchstaben und Zahlen vor dem Verwechseln geschützt. Zeitweise stehen an einer Baustelle 17 Kräne.

Die Fremdfirmen müssen sich einem unnachgiebigen Zeit- und Kostendiktat beugen. Ob die Wesselinger Unternehmen Hans Graf und Heitkamp im Tiefbau, Hochtief bei der Betonkonstruktion, die Köln-Wesselinger Eisenbau bei den Stahlgerüsten, die Allgemeine Rohrleitungsbau-Gesellschaft oder Babcock für Rohrleitungen, AEG und I. C. Eckardt bei Meß- und Regeltechnik oder die Anlagenkonstrukteure Fluor, Linde, Lummus, Lurgi oder Uhde: Das Controlling-Team der Union schaut ihnen unnachgiebig auf die Finger. »Wir mußten beweisen, daß man sich auf UK verlassen kann«, erklärt Vorstandsmitglied Dr. Reiner Kühn, »eine wesentliche Budgetüberziehung oder eine Terminüberschreitung durfte deshalb einfach nicht stattfinden.«

Spektakuläre Transporte und Aufbauten machen den Baufortschritt augenfällig. Vom Herstellerwerk in Mannheim kommt der 43 Meter hohe Reaktor für die Platforming-Anlage

Fertigung fern von Wesseling: Selbst sperrige Behälter kamen auf Tiefladern zur UK, um als Ganzes aufgestellt zu werden

per Schiff nach Köln und nachts auf der Straße ins Werk. Nun steht ein Spezialkran mit 850 Tonnen Tragkraft, auf 30 Satteltiefladern herangeschafft, zum Einpassen des Reaktors bereit, damit die Autofahrer später an den Zapfsäulen mit der UK-Raute noch höherwertiges Benzin tanken können. Schon hängt die Stahlzigarre in der Luft, ein 500-Tonnen-Telekran hilft die Last abzufangen. Langsam senkt sich der 175 Tonnen schwere Reaktor, bis er in 15 Meter Höhe millimetergenau in die vorgesehenen Verankerungen des Apparategerüstes einrastet.

Ein andermal montieren die UK-Handwerker das Werktor ab. Aus dem saarländischen Dillingen bringt ein Spezialtieflader die 77 Meter lange Destillationskolonne für die Xylolanlage. Zahllose Verkehrsschilder, Ampeln und Straßenbegrenzungen mußten unterwegs weichen. Um im Werk unter den Rohrbrücken durchzukommen, wird schließlich das Transportfahrzeug abgesenkt.

Den Musterbeispielen transport- und konstruktionstechnischen Könnens stehen die logistischen Leistungen nicht nach. Etwa 11 000 Arbeiter sind zu unterschiedlichen Zeiten auf dem Wesselinger Werksgelände beschäftigt, gleichzeitig bis zu 3000 – also 1000 mehr, als die Union Stammbelegschaft zählt. In 50 Kilometer Umkreis gibt es kein Zimmer mehr. Der Sportplatz der UK verwandelt sich in einen Campingplatz mit Dutzenden von Schlafcontainern. Die 1500 Stammparkplätze reichen nicht aus, die Union pachtet Äcker als Stellfläche hinzu.

Auszeichnung für den Sicherheitsingenieur

Als alles planmäßig verläuft, funken die Bonner Umweltpolitiker mit der Großfeuerungs-Anlagen-Verordnung dazwischen. Wegen der unerwartet niedrigen Grenzwerte für Stickoxide müssen bestellreife Ofenkonzepte noch einmal abgeändert werden. Der strenge Winter 1984/85 hat zuvor schon den Montagebeginn um zwei Monate verzögert. Trotz aller Hektik

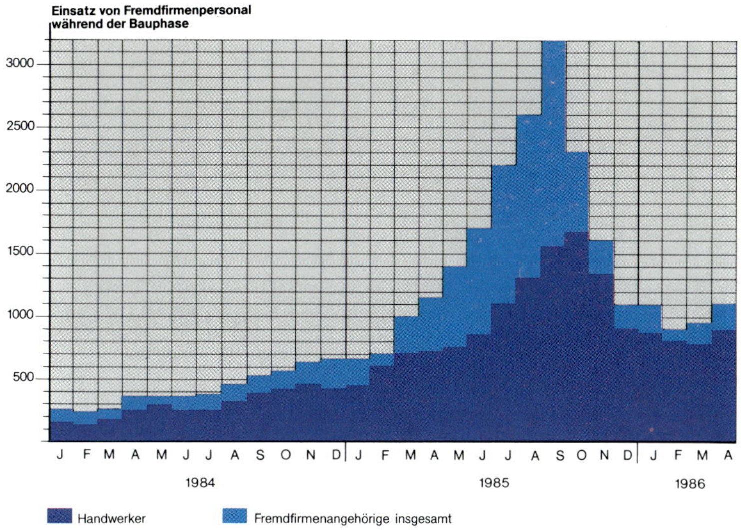

ereignen sich weniger Unfälle als befürchtet. Die Bau-Berufsgenossenschaft weiß die intensiven Schutzbestimmungen auf dem Wesselinger Gelände zu schätzen. Sie zeichnet später den UK-Sicherheitsingenieur mit ihrer silbernen Medaille aus und bedankt sich, so der technische Aufsichtsbeamte der BG Bau, Peter Lahrisch, für die »hervorragende Zusammenarbeit, wie man sie sich besser nicht wünschen kann«.

Im Herbst 1985 gehen die Neuanlagen stufenweise in Betrieb. Nun verfügt Wesseling über moderne, energiesparende und umweltschonende Anlagen, die aus dem Rohöl ein Maximum an gefragten Veredlungsprodukten wie chemische Basiserzeugnisse und hochwertige Treibstoffe bis hin zu Flugturbinenkraftstoff gewinnen. Als Schwerpunkt der Umstrukturierung galt aber vor allem, mit Hilfe der Hydrierung eine höhere Flexibilität in der Rohölverarbeitung zu gewinnen. Je nach Marktgegebenheiten kann die Raffinerie heute viel Benzin oder viel Heizöl produzieren, leichte oder schwere und schwefelreiche Rohöle einsetzen sowie die Ethylenanlagen mit Naphtha oder schweren Mineralölfraktionen füttern. Das spart immer dann Rohstoffkosten, wenn Naphtha teuer ist oder wenn Rohöl günstig angeboten wird.

Eine Baumaßnahme verdient zusätzlich Beachtung: der Anschluß für Braunkohlegas zur Herstellung von Methanol. In Berrenrath erprobt Rheinbraun eine Kohlevergasungsanlage nach dem Hochtemperatur-Winkler-Verfahren. Per Pipeline strömt das Gas zur Union Kraftstoff. Dieser Anschluß bedeutet weit mehr als nur ein technisches Koppelstück, er dokumentiert eine UK-spezifische Verbindung zur Zukunft: die mögliche Rückkehr zum heimischen Rohstoff Braunkohle.

Deshalb kann Vorstand Reiner Kühn am 15. Januar 1986 vor Vertretern der Partnerfirmen beim Investitionsprogramm folgern: »Die Union Kraftstoff geht technisch gut gerüstet in eine neue Unternehmensepoche und kann sich dem Wettbewerb mit offenem Visier stellen.« Nahezu eine halbe Milliarde Mark Kapitalaufwand haben das Wesselinger Werk auf den Stand der Technik gebracht, wie er heute im Wettbewerb europäischer Raffinerien in bezug auf Rohstoff-Flexibiliät, Ausbeute und Energieverbrauch erforderlich ist.

Anstrengungen auf dem Vertriebssektor ergänzen die technischen Fortschritte. Spätestens die Ölkrise von 1973 offenbarte, daß der Betrieb der Raffinerie künftig durch weitere Unternehmensaktivitäten flankiert werden mußte. Das war in den sechziger Jahren noch völlig anders gewesen, als die internationalen Ölgesellschaften ihre reichlich fließenden Ölquellen nicht selbst voll verwerten konnten und deshalb freien Verarbeitern wie UK eine faire Verdienstchance beim Aufbereiten des Rohöls beließen.

Einladendes Äußeres – Markenkraftstoffe aus deutscher Tradition: Der Kreis der Stammkunden wächst

Stammkunden an den UK-Tankstellen

Wer in Zukunft jedoch als regionaler Raffineur bestehen will, muß an den beiden wichtigen Eckpunkten des Ölengagements präsent sein, dem Rohölerwerb und dem Tankstellengeschäft. Durch ihre Beteiligung an der Deutschen Erdölversorgungsgesellschaft mbH (Deminex) besitzt die Union Zugang zu Ölquellen. Ihre im April 1979 gegründete 100prozentige Tochter Rhein-Oel GmbH handelt außerdem mit weit mehr Rohöl, als Wesseling benötigt, damit für die eigene Raffinerie möglichst günstige Partien übrigbleiben. Die Union Rheinbraun Kohle und Mineraloel GmbH (UR), jeweils zur Hälfte im Besitz von UK und der Rheinbraun Verkaufsgesellschaft mbH, wickelt dazu seit 1984 rationell den Wesselinger Mineralölvertrieb ab.

Schließlich sichert das seit 1979 konsequent ausgebaute Tankstellennetz, zum Teil zusammen mit mittelständischen Partnern, den kontinuierlichen Kraftstoffabsatz der neben Shell in Godorf einzigen Vollraffinerie am Rhein zwischen Rotterdam und dem Mannheim/Karlsruher Raum. Gerade den freundlich-weißen Kraftstoffstationen mit den leuchtend orange-violetten Markierungen kommt besondere Bedeutung zu, weil sie neben den Großabnehmern petrochemischer Grundstoffe auch im Kraftstoffbereich UK und ihren Partnern einen stabilen Kundenstamm ermöglichen.

Da gleichzeitig die Finanzstruktur des Unternehmens nachhaltig verbessert werden konnte, gestalten sich auch die künftigen Ertragsaussichten entsprechend besser. Zwar dürften die Unwägbarkeiten des Weltölmarktes kaum stattliche Dividenden zulassen. Aber bescheiden positive Ergebnisse erscheinen nach den technischen, vertrieblichen und finanziellen Anstrengungen realistisch.

Gleichzeitig wahrt die UK dem umfassend engagierten Energiekonzern die unternehmerisch bedeutsame Option, in der Zukunft am verkehrsgünstigen Rhein-Standort mit gewachsenem und kontinuierlich verbessertem Veredlungs-Know-how den Feststoff Braunkohle als Flüssigprodukt über die Absatzkanäle der UK zu vertreiben.

Inzwischen bewähren sich die Neuanlagen, zahlen sich die mutigen Investitionen aus. Hohe Zeit also, zur Tagesordnung überzugehen? Angesichts der keineswegs abgeschlossenen Strukturveränderungen am Mineralölmarkt warnt Betriebsratsvorsitzender Garagnon seine Kollegen vor unbedachtem Alltagstrott: »Jeder ist aufgerufen, an seinem Arbeitsplatz mit ganzer Kraft mitzumachen.« Beeindruckende Anschauungsbeispiele für diesen zähen Überlebenswillen der Union Kraftstoff liefert ihre Geschichte.

Die UK – ein selbstbewußtes Regionalunternehmen

Die Union Kraftstoff blickt auf ein halbes Jahrhundert Firmenhistorie in Wesseling zurück. Die Fragen mögen erlaubt sein: Wer ist schon die Union? Wo liegt überhaupt Wesseling? Die Branchenriesen im Ölgeschäft sind in den USA beheimatet und erzielen – etwa wie Exxon – über 80 Milliarden Dollar Konzernumsatz. Die Großen aus der Welt der Chemie mit jeweils über 40 Milliarden Mark Konzernumsatz wurzeln zwar in Deutschland, aber heißen nicht UK, sondern Hoechst, Bayer oder BASF. Wesseling schließlich liegt zwar am berühmtesten deutschen Strom, aber auch ganz im Schatten der Zentralstädte Köln und Bonn.

Lohnt es sich trotzdem, den Weg der Union Kraftstoff durch die letzten 50 Jahre mitzugehen – wenn auch nur auf einem Seitenpfad deutscher Wirtschaftsgeschichte? Diese Frage nach den im Mittelpunkt stehenden Großkonzernen und den abseits bleibenden Regionalunternehmen kennt ihre Parallele in der Besiedlung, nämlich dem Gegensatz zwischen Metropole und Provinz. Alles strebt in die Citys. Wer möchte schon als Hinterwäldler gelten?

In seinem Essay »Der Provinzler und sein Schicksal« setzte sich Carl Amery vor 20 Jahren mit diesem Problem auseinander und befand überraschend: »Die Metropolen, das sind eben die Zentren, in denen Geld ausgegeben wird, und noch die Millionenstadt ist insoweit Provinz, als sie schuftet und nicht kassiert oder ausgibt.« In diesem Sinn ist Wesseling tiefe Provinz, denn bei der Union Kraftstoff wird unzweifelhaft engagiert gearbeitet.

Doch Carl Amery sieht auch Vorzüge des Hinterlandes: »Die Lebensmittelpreise in der Provinz sind im ganzen günstiger, das Bauen entschieden billiger, das Leben geselliger, die Achtung der Mitbürger ist leichter zu haben.« Schließlich befindet Amery sogar: »Der Provinzler ist, aufs Ganze gesehen, politisch und sozial leistungsfähiger als der Großstädter.«

Ein kluges Urteil aus den sechziger Jahren, gerade heute wieder aktuell. Das Streben in die Vorstädte beweist es ebenso wie der Wunsch nach einem Häuschen im Grünen. Auf einen Nenner gebracht, bedeutet dieses: Die Metropole hält sich für besser, aber in der Provinz lebt es sich besser. Deshalb muß die Frage erlaubt sein: Darf ähnliches nicht auch für die Rivalität zwischen den Weltkonzernen und den Regionalunternehmen gelten?

Auch die Union Kraftstoff muß von Wesseling aus zwangsläufig die Auseinandersetzungen um ihren Marktanteil mit den Metropolen führen, dem Sitz der Großkonzerne und Regierungen, ob Riad, Houston, London oder Teheran, Washington, Tripolis oder Bonn. Dort entscheidet sich der Kurswert der Öl-Handelswährung Dollar, dort befinden die Politiker über »Vorrang für Kohle« und »Weg vom Öl«, dort erklären Machthaber das Öl zur politischen Embargowaffe, dort diktieren die Kartellbrüder Mengen und Preise des in der Provinz Wesseling benötigten Rohstoffs.

Trotz dieser Abhängigkeit von weltwirtschaftlichen Wechselfällen hat sich die Union die Atmosphäre des Überschaubaren bewahrt. Sichtbar wird dies am Arbeitsplatz der Vorstandsmitglieder. Sie residieren schlicht parterre, noch dazu besonders bodenständig auf dem ehemaligen Platz der ersten Baubaracke.

Vom Hydrierwerk zur petrochemischen Raffinerie

50 Jahre UK – das bedeutet eine Reihe gewichtiger Kraftakte, die nachfolgende Kapitel dieses Buches aufleben lassen:

Nur unter extremen Schwierigkeiten kommt es überhaupt zur Betriebsaufnahme des Hydrierwerkes. Wesseling erzeugte im Krieg Kraftstoffe aus rheinischer Braunkohle, obwohl seine strategisch ungünstige Lage an der Westfront, erheblicher Arbeitskräftemangel und gravierende Versorgungsengpässe den Produktionsstart bis zuletzt in Frage stellten.

Der Wiederaufbau in der Nachkriegszeit vollzieht sich ungeachtet des alliierten Produktionsverbots für Hydrierkraftstoffe als eigentlichem Unternehmenszweck. Zwar bieten sich Methanol und Ammoniak als Ersatzerzeugnisse an. Doch für das Herstellen von Methanol gelten die stählernen Hochdruckapparaturen als ungeeignet, bis eine UK-eigene Erfindung die rettende Lösung bringt.

Wesselings Weg zum eigenständigen Mineralölunternehmen mit einem »Gesicht am Markt«, nämlich unverwechselbar weiß-orange-violett gestalteten Tankstellen, ist steinig und beginnt ganz unten als Lohnverarbeiter für Shell. Staatliche Beschlüsse wie der Wegfall von Steuervorteilen für die Treibstoffherstellung aus Rohölrückständen in Hydrieranlagen und die Aufgabe von Bindungen an große Mineralölkonzerne erfordern später ein risikoreiches Engagement von der Ölsuche über den Tankerbetrieb und Pipelinetransport bis hin zum Benzinverkauf.

Bodenständig: Wo die erste Baubaracke stand, arbeitet heute der Vorstand

Die Etablierung in der Petrochemie gelingt, obwohl eine frühe Zusammenarbeit mit Shell und BASF nicht zustande kommt. Ungeachtet harter internationaler Konkurrenz behauptet sich die UK als wichtiger Vorlieferant für synthetische Fasern und Kunststoffe der Hoechst AG.

Ihr Kohleveredlungs-Know-how entwickelt die Union unbeirrt weiter, auch wenn vorerst das Erdöl günstigere Einsatzbedingungen verspricht. Diese Techniken weiter zu verfeinern erfordert nach wie vor Mut und Optimismus angesichts der keineswegs datierbaren Anwendungschancen in der Zukunft.

Eine Überlebensstrategie in dunkler Stunde zu entwerfen und konsequent zu verwirklichen, bedeutet schließlich den – vorerst – letzten Kraftakt eines engagierten Unternehmens.

50 Jahre im Zeitraffer: vom staatlich geförderten Betrieb in privatwirtschaftlichem Rahmen zum privatwirtschaftlichen Unternehmen, das selbst in schwerer Strukturkrise nicht nach dem Staat ruft. Zu Recht hebt der Sachverständigenrat in seinem Jahresgutachten 1982/83 als beispielhaft hervor, daß die Strukturanpassung bei den Raffinerien ohne staatlichen Eingriff und ohne Subventionen verläuft.

Kaum etwas ist in der UK noch so wie 1937: weder der Rohstoff Braunkohle noch die Hydrierprodukte, weder die Hochdruckanlagen noch die Gaserzeugung. Als petrochemische Raffinerie verfolgt die Union heute das Ziel, aus dem Faß Rohöl soviel wie möglich Chemiegrundstoffe herauszuholen, mit Kraftstoffen auch beim Autofahrer präsent zu sein und mit Hilfe sorgsam gepflegter Veredlungstechniken gerüstet zu sein, den Raffinerieeinsatzstoff Erdöl durch die heimische Energie Braunkohle zu ersetzen.

Denn eines ist noch so wie 1937 und seither: der unbeugsame Wille von Vorstand, Belegschaft und Eignern, in Wesseling mit vollem Einsatz zu produzieren – und erfordere es auch Kraftakte.

Das Hydrierwerk

Kraftstoffe für die Wehrmacht aus rheinischer Braunkohle

Der klärende Brief stiftete in Wirklichkeit nur neue Verwirrung. Nach Monaten quälender Ungewißheit erhielt die Union Rheinische Braunkohlen Kraftstoff AG am 16. Januar 1940 Post vom Berliner Reichswirtschaftsministerium. »Nach Mitteilung des Reichsluftfahrtministeriums«, hieß es in dem Schreiben von Staatssekretär Dr. Landfried, »sind die bisher gegen den Weiterbau erhobenen Bedenken dort fallengelassen worden. Die Arbeiten am Werk müssen daher umgehend wieder aufgenommen werden.« Die zweite Briefhälfte stellte jedoch alles wieder in Frage. Auf »gewisse Apparaturen, die sich in Ihrem Besitz befinden oder auf die Ihnen ein Lieferanspruch zusteht«, warnte der Staatssekretär vor, erhebe eine »ausländische Regierung« Anspruch. Sollte sie die »Lieferung wünschen, so muß aus zwingenden Gründen diesem Wunsch von Ihnen Rechnung getragen werden«. Im Klartext: Das Hydrierwerk in Wesseling erhielt grünes Licht zum Weiterbau, aber die zur Inbetriebnahme erforderlichen Aggregate würden womöglich statt am Rhein im Ausland eingesetzt.

Dabei war dieser Januar 1940 als eigentlicher Betriebsbeginn der UK vorgesehen gewesen. Doch seit der Zweite Weltkrieg am 1. September 1939 um 4.45 Uhr mit dem Angriff des Panzerkreuzers »Schleswig-Holstein« auf die Westerplatte bei Danzig begann, hatte sich die Baustelle der UK zwischen Deutschlands größtem Strom und Europas ältester Autobahn zum Schlachtfeld unterschiedlicher Interessen zwischen Wirtschaft und Wehrmacht entwickelt. Die Fronten: Nach wie vor schätzten die Unternehmer und Wirtschaftsverantwortlichen in Berlin die Lage des Hydrierwerkes nahe dem rheinischen Braunkohlenrevier und dem Wasserweg. Die Militärs hielten jedoch mittlerweile den Standort nahe der Westfront für strategisch ungeeignet. Wer die Vorgeschichte der Union Kraftstoff in diesen ersten Kriegsmonaten verfolgt, wundert sich am meisten über eines: daß es schließlich überhaupt zum Betriebsstart am 31. August 1941 kam.

Nicht unternehmerische Initiative allein, sondern auch massiver staatlicher Druck gaben den Anstoß zur UK-Gründung, und die hohe Politik bestimmte in den ersten Jahren auch das Schicksal des Unternehmens. Im Januar 1940 sah sich die zeitweilige Investitionsruine am Rhein sogar zur Manövriermasse deutsch-russischer Machtstrategien degradiert. Denn die an den UK-Aggregaten interessierte »ausländische Regierung« war niemand anderes als Kreml-Herrscher Josef Stalin. Wünschte er die UK-Hydrieranlagen sozusagen als Morgengabe für den am 23. August 1939 mit Hitler geschlossenen Nichtangriffspakt?

Heimische Rohstoffe lindern Devisennot

Bis zur Inbetriebnahme der UK blieb alles umstritten: ihr Standort, die Hydriertechnik, ihre Anlagenkapazität, selbst der eigentliche Produktionszweck. Verständlich wird dieses Durcheinander erst, wenn man sich die politischen Begleitumstände der Unternehmensgründung vergegenwärtigt. Nach dem Abklingen der Weltwirtschaftskrise erklärt Hitler bei seiner Machtergreifung am 30. Januar 1933 die Beseitigung der Massenarbeitslosigkeit zur Hauptaufgabe. Von den sechs Millionen Stellungslosen setzen viele ihre Hoffnung auf den Führer. Zum Schwerpunkt der staatlichen Arbeitsbeschaffung wird der Autoverkehr, und zwar vom Bau der Autobahnen über Volkswagen bis hin zum Kraftstoff aus heimischen Rohstoffen.

Zwei heimische Verfahren zur Herstellung synthetischer Treibstoffe stehen bereit: Während Bergius und Pier auf direktem Weg die Kohle in flüssige Kohlenwasserstoffe umwandeln, gehen Fischer und Tropsch den Umweg über Synthesegas. Der mächtige Chemiekonzern I. G. Farben, der seit April 1927 in Leuna nach dem Bergius-Pier-Prozeß Benzin aus Braunkohle gewinnt, schließt am 14. Dezember 1933 einen wegweisenden Vertrag mit dem Reich. Die Hydrierwerksbetreiber verpflichten sich zur Lieferung einer bestimmten Kraftstoffmenge, der Staat garantiert einen die Produktionskosten deckenden Preis und den Absatz des Treibstoffs. Dieses Abkommen wird auch für die UK Pate stehen. Wolfgang Birkenfeld, der 1964 die Untersuchung »Der synthetische Treibstoff 1933–1945« verfaßte, nennt neben der Arbeitsbeschaffung als zweiten Grund für die staatliche Hydrierförderung Hitlers Absicht, »durch einen Ausbau der

Baustelle auf der grünen Wiese: Im April 1938 künden die ersten Erdarbeiten und Aufbauten das spätere Hydrierwerk an

deutschen Mineralölerzeugung auf der Grundlage einheimischer Bodenschätze die drückende Devisennot zu überwinden«.

Schon einen Monat nach seiner Berufung zum Reichswirtschaftsminister lädt der vorherige Reichsbankpräsident Hjalmar Schacht am 21. September 1934 die Vorstände der größeren Braunkohlengesellschaften ein, um die zweite Hydrierrunde einzuläuten. Nach dem Vorbild Leunas sollen weitere Benzinfabriken dem Dritten Reich aus der Devisenklemme helfen. Doch die Industriellen sträuben sich. Hydrieren sei zu teuer, die Benzinanlagen würden andere Investitionen verhindern. Das Ergebnis der Diskussion: freiwillig – nein. Also mit Zwang. Nur eine Woche nach der Unterredung erläßt Schacht die »Verordnung über die Errichtung wirtschaftlicher Pflichtgemeinschaften in der Braunkohlenwirtschaft«. Zum Zweck dieser Zwangsfirma, der Braunkohle-Benzin AG (Brabag), deklariert Schacht »die Herstellung von Treibstoffen und Schmierölen unter Verwendung von Braunkohle«.

Die rheinischen Braunkohlenwerke müssen 30 Millionen der 100 Millionen Mark Kapital aufbringen, trotzdem ist in ihrem Revier keine Benzinfabrik vorgesehen. Mit Lizenz-

Interessierte Zuschauer: In der Hauptwerkstatt kommen, im März 1939, die ersten Drehbänke an

Kaum wiederzuerkennen: Bauarbeiten an der Reichsstraße, der heutigen B 9. Inzwischen abgerissen sind die evangelische Kreuzkirche in der Bildmitte und die Klarenburg rechts

hilfe der I. G. Farben errichtet die Brabag in den folgenden Jahren Hydrierwerke in Böhlen, südlich von Leipzig, bei Magdeburg und Zeitz, ein viertes bei Schwarzheide nördlich von Dresden nach dem Fischer-Tropsch-Verfahren. Zur gleichen Zeit entsteht in Scholven bei Gelsenkirchen das erste Hydrierwerk, das Kraftstoff aus Steinkohle gewinnen soll.

Autarkie – für den Kriegsfall

Mitte der dreißiger Jahre änderte sich die staatliche Motivation für die Hydrierförderung. Arbeitsbeschaffung und Devisennot traten zurück hinter dem Gedanken einer wirtschaftlichen Unabhängigkeit vom Ausland im Fall eines Krieges. Der zweite Vierjahresplan vom 18. Oktober 1936 nahm deshalb Autarkie wichtiger als die Rentabilität beim Herstellen von Ersatzstoffen. Hermann Göring, der Oberbefehlshaber der Luftwaffe, fungierte fortan als Beauftragter für den Vierjahresplan. In einer Denkschrift über dessen Aufgabe verriet Hitler, warum er die »100prozentige Selbstversorgung« forderte: »Die deutsche Wirtschaft muß in vier Jahren kriegsfähig sein.« Konkret verlangte der Führer: »In diesem Sinne ist die deutsche Brennstofferzeugung nunmehr im schnellsten Tempo vorwärtszutreiben und binnen 18 Monaten zum restlosen Abschluß zu bringen.«

Noch konnte das Deutsche Reich seinen Jahresbedarf von 2,2 Millionen Tonnen Treibstoff nur zu einem knappen Viertel – exakt 469 000 Tonnen – aus Hydrierfabriken decken. Der 18-Monate-Plan läutete also die dritte Hydrierrunde ein. Nach Leuna freiwillig und Brabag gezwungen, vollzog sich der Baubeschluß diesmal gezwungen-freiwillig: in Gelsenkirchen-Horst und in Wesseling bei Köln. Für das rheinische Revier führte Geheimrat Gustav Brecht die Verhandlungen in Berlin. Der gebürtige Lübecker Brecht (9. 1. 1880 bis 9. 10. 1965), seit 1925 Vorstandsvorsitzender der Rheinischen Aktiengesellschaft für Braunkohlenbergbau und Brikettfabrikation (RAG), hatte zwischen 1918 und 1920 als Diplom-Ingenieur die Abteilung Kohle und Energiewirtschaft im Berliner Wirtschaftsministerium geleitet. Als Vorsitzender des Bergbauvereins und des Braunkohlensyndikats war Brecht die beherrschende Unternehmerpersönlichkeit im Revier.

Der spätere erste Aufsichtsratsvorsitzende der Union kannte die »innere Abneigung« seiner Unternehmerkollegen. »Ein Umschwung in der Einstellung der maßgebenden Männer im Revier«, erinnerte sich Brecht beim 25jährigen UK-Jubiläum 1962, »trat erst ein, als der damalige Reichswirtschaftsminister Dr. Hjalmar Schacht Herrn Knepper von Gelsenberg und mir in einer vertraulichen Aussprache Ende Oktober 1936 dringend und überzeugend geraten hatte, freiwillig der Errichtung privatwirtschaftlicher Kraftstoff-Neuanlagen auf unseren Bergwerken zuzustimmen, um den sonst zu erwartenden Zwangsauflagen zu entgehen.«

Nach dieser Besprechung notierte Brecht in seinen Handakten: »Sehr befriedigende Erklärung wegen Finanzierung und Rentabilitätshilfe. Mahnung zur Eile. Abweichend von dem Brabag-Vorbild keine Selbstkostenkontrolle mit Beteiligung des Reiches am Gewinn, vielmehr Sicherstellung durch Absatz- und notfalls Preisgarantie für auskömmliche Betriebskostendeckung. Anreiz für den Produzenten, durch verringerte Selbstkosten zu höheren Gewinnen ohne Abgaben an das Reich zu kommen.«

Solche unternehmerischen Zugeständnisse klangen vielversprechend, andererseits bewies das Brabag-Beispiel, wie wenig Sinn Sträuben machte. Deshalb bildete sich Brecht als Urteil: »Der Gedanke, bei einer privaten Anlage Herr im Hause zu bleiben, Standort und Verfahren selbst bestimmen zu können, war verlockend.«

Mit seinem Schreiben vom 21. November 1936 signalisierte er deshalb dem Amt für deutsche Roh- und Werkstoffe in Görings Vierjahresplan-Behörde das Einverständnis der rheinischen Braunkohlenindustriellen mit dem Bau eines Hydrierwerkes.

Die neuen Schnellstraßen: Das erste Teilstück der Autobahn zwischen Frankfurt und Darmstadt wird eröffnet

»Nationalwirtschaftlich bedeutsame Aufgabe«

Wenige Tage später machten sich Brecht und Direktor Tobies von der Roddergrube vor Ort in Leuna mit der Verflüssigungstechnik der I. G. Farben vertraut. Der Vater des Verfahrens, Matthias Pier, erteilte den Anschauungsunterricht. »Der Eindruck über das technisch Geleistete«, notierte sich Brecht, »war ganz gewaltig.« Bei diesem Ortstermin fiel eine wichtige Vorentscheidung für Wesseling. »Bezüglich der eigentlichen Hydrieranlage«, hielt Brecht fest, »ist man geneigt, wie sie in Leuna arbeitet, zu übernehmen, unter Berücksichtigung der für einen Neubau gesammelten Erfahrungen im allgemeinen und für den Charakter der rheinischen Braunkohle im besonderen.«

Während die Unternehmer noch über das Verfahren diskutierten, erteilte das Reichsamt für Wirtschaftsausbau am 14. Dezember 1936 die sogenannte Baugenehmigung, sogenannt, weil sie in Wirklichkeit eher eine Bauverpflichtung für ein Hydrierwerk mit 150 000 Tonnen statt ursprünglich geforderter 300 000 Tonnen Treibstoffkapazität bedeutete. Kostenschätzungen lauteten auf 90 Millionen Reichsmark, wobei die Gründergesellschaften ihre Brabag-Aktien im Wert von 26,4 Millionen Mark anrechnen konnten. Sie dienten gleichzeitig als Sicherheit für ein

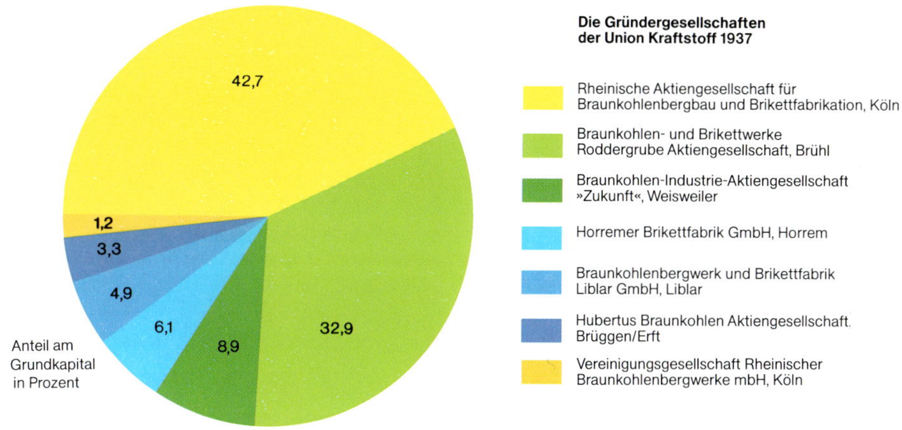

Darlehen bei der Düsseldorfer Rheinischen Girozentrale und Provinzialbank. Weitere 45 Millionen Mark ließen sich durch fünfprozentige Teilschuldverschreibungen auf dem Anleihemarkt beschaffen. Noch unternahm Matthias Pier Hydrierversuche mit rheinischer Braunkohle, da gründeten sieben rheinische Bergbauunternehmen am 27. Januar 1937 die Union Rheinische Braunkohlen Kraftstoff Aktiengesellschaft. Als Gegenstand des Unternehmens definierte die Satzung »die Herstellung und die Verarbeitung von Kraftstoffen, Schmierölen und ähnlichen Erzeugnissen, insbesondere unter Verwendung von Braunkohle sowie den Vertrieb dieser Erzeugnisse«.

Zur ersten Sitzung des Aufsichtsrates in der Hauptverwaltung des Hauptaktionärs, der Rheinischen Aktiengesellschaft für Braunkohlenberg-

Gustav Brecht: Erster Aufsichtsratsvorsitzender der Union Kraftstoff

Der Vater des Hydrierverfahrens: Matthias Pier (rechts vorn) im Labor der I.G. Farben

bau und Brikettfabrikation (RAG) am Kölner Kaiser-Friedrich-Ufer, erschienen am Mittwoch, dem 27. Januar 1937, um 11 Uhr, neben den Gastgebern Gustav Brecht und Direktor Johanningmeier, Bergassessor Tobies und Dr. Curt Wegge von der Roddergrube, Direktor Steinmeyer von Zukunft, Wilhelm Werhahn von der Horremer Brikettfabrik, Generaldirektor Fritz Lehmann von Liblar, Justizrat Abs von Hubertus, Direktor Weiss vom Braunkohlensyndikat und die Bankdirektoren Steinrücke und Rath. Brecht übernahm den Aufsichtsratsvorsitz, Tobies die Stellvertreterfunktion. In seiner Begrüßungsansprache beglückwünschte Brecht »die Gesellschaft zu ihrer nationalwirtschaftlich bedeutsamen und industriell interessanten Aufgabe«. Zweckoptimismus stand also auf der Tagesordnung. Dieser Zweckoptimismus wurde durch das Aufwärtsstreben der deutschen Wirtschaft in der zweiten Hälfte der dreißiger Jahre genährt.

Die Pressenotiz, die anschließend im »Kölner Stadt-Anzeiger« unter der Schlagzeile »Neue Kraftstoff-Fabrik bei Wesseling« erschien, nannte auch den gewählten Vorstand der Gesellschaft: Dr. Carl Müller von Blumencron, Dr. Heinz Nedelmann und Erich Meissner.

Ein Major als Firmenchef

Nach seiner Promotion »summa cum laude« zum Chemiker hatte Blumencron (19. 4. 1886–5. 10. 1973) in der Abteilung für Hochdruckhydrierung der Kohle bei der BASF gearbeitet und vier Jahre an der Inbetriebnahme von Leuna mitgewirkt. Im Ersten Weltkrieg hatte der Sohn eines schlesischen Rittmeisters als Generalstabsoffizier einer Division gedient und als Major seinen Abschied genommen. Offenbar besaß Blumencron seither »die Gabe, eine Führungsmannschaft zu bilden und sie für die gemeinsame Sache zu begeistern«. So charakterisiert ihn das spätere Vorstandsmitglied Dr. Werner Siebourg. Der erste Chef des Hochdrucks, Dr. Ferdinand Engelhard, betont: »Blumencron hat den Grundstein für das gute Klima bei der UK gelegt.«

Mit der Korrektheit und Fürsorgepflicht eines preußischen Offiziers ging er in Wesseling ans Werk. In seinem spartanisch einfachen Büro lag der große braune Setter immer neben dem Schreibtisch seines Herrn, der leidenschaftlich gern jagte. Und auch das zählt zum Kurzporträt, woran sich die erste UK-Telefonistin Johanna Pohl über den schlanken, drahtigen Chef I (Firmenkürzel) erinnert: »Er war ein Herr, zu jedem gleich freundlich, auch zum Lehrmädchen, kurz – er war der Schwarm aller Frauen zwischen 18 und 80.« Erich Meissner wirkte nach Tätigkeiten bei der Dresdner Bank und der AEG in Berlin sowie in Essen in verantwortlicher Stellung im rheinischen Braunkohlenbergbau, bevor er 1937 nach Wesseling überwechselte. Dort übernahm er bis zum Erreichen der Altersgrenze im Jahr 1955 die kaufmännische Leitung.

Wie Blumencron war auch Heinz Nedelmann promovierter Chemiker. Vor seinem Eintritt in den UK-Vorstand arbeitete er mehr als ein Jahrzehnt in der Steinkohlen-Verwertungsforschung und besaß daher große Hydriererfahrung. Während der Bauphase hielt Nedelmann die Verbindung mit den für die Konstruktion in Wesseling Verantwortlichen der Ölbau in Berlin und betreute außerdem die im modernen Sprachgebrauch »off-sites« des Unternehmens wie Wasserversorgung, Transportwesen oder Entsorgung. Nach dem Krieg übernahm Nedelmann die Geschäftsführung der Fachvereinigung Kohlechemie, bevor er in die Geschäftsführung der Deutschen BP AG eintrat.

Bauarbeiter zum Westwall abkommandiert

Der Vorstand nahm seine Arbeit zunächst in der RAG-Hauptverwaltung auf, bevor er in ein altes Patrizierhaus gleich nebenan wechselte. Dort am Kaiser-Friedrich-Ufer 47 ging es, so die Telefonistin Pohl, »sehr familiär« zu. Unterdessen fand die erste Baubaracke auf dem Werksgelände dort Platz, wo heute der Vorstand residiert. Planung und Bau lagen in der Verantwortung der Berliner Mineralöl-Baugesellschaft (Ölbau), einer gemeinsamen Ingenieurfirma der Hydrierwerke.

Konnte es den Reichsbehörden zunächst nicht rasch genug vorangehen, fehlten bald wesentliche Voraussetzungen für den geplanten Betriebsbeginn am 1. Januar 1940. Das

Der Gründungsvorstand der UK:
Dr. Carl Müller von Blumencron,
Erich Meissner und
Dr. Heinz Nedelmann
(von links)

Schiffbauprogramm lenkte die Lastwagenladungen Baustahl in Richtung Werften um. Deshalb klagte der Vorstand im Geschäftsbericht von 1937: »Wegen der sich nach der Gründung ergebenden Schwierigkeiten in der Materialbeschaffung mußte der Baubeginn erheblich über den zunächst in Aussicht genommenen Zeitpunkt hinaus verschoben werden.« Der überstürzte Bau des Westwalls in der Nachbarschaft Wesselings zog von der UK obendrein Fachkräfte ab.

Trotzdem mußte sich der Vorstand mit Erweiterungswünschen aus Berlin befassen. Statt 150 000 Tonnen sollten 225 000 Tonnen Treibstoffe produziert werden, und zwar 120 000 Tonnen Benzin und 105 000 Tonnen Dieselöl. Im März 1939 erklärte sich die Union mit dieser Aufstockung einverstanden, weil dadurch laut Aufsichtsratsprotokoll »eine Beschleunigung der Bauarbeiten und eine Verbilligung der Gesamtanlage erreicht werden konnten«.

Doch Papier ist geduldig. Zunächst beanspruchten Wehrmacht und Partei weiter Arbeitskräfte, Fahrzeuge und Baumaterial. Und Berlin fiel nichts Besseres ein, als schließlich mit neuen Überlegungen weiteren Sand in das ohnehin knirschende Getriebe zu werfen.

Statt Benzin sollte Wesseling Speisefett herstellen. Diesen Vorschlag unterbreitete der Verantwortliche der Geschäftsgruppe Industrielle Fette in Görings Vierjahresplan-Behörde, Diplom-Ingenieur Wilhelm Keppler. Mit Hilfe des Fischer-Tropsch-Verfahrens sollte die Union Kraftstoff Paraffin gewinnen und dieses in Speisefett umwandeln, um eine drohende Fettlücke im Kriegsfall zu schließen.

In seiner dritten Sitzung am 3. Dezember 1937 setzte sich der Aufsichtsrat mit dieser Überlegung auseinander. »Die Herstellung dieses Produktes«, machte Brecht auf die entscheidende technische Konsequenz aufmerksam, »bedingt eine Abweichung von dem bisher geplanten I. G.-Verfahren und Anwendung der Fischer-Tropsch-Synthese.« Trotzdem befand das Kontrollgremium zunächst die Fettalternative verlockend. Anders als beim Treibstoff sah sich die UK bei 20 Mark Weltmarktpreis für 100 Kilogramm Kunstfett »mit dem Paraffin schon auf einer wesentlich gesünderen Basis«. Wegen der fehlenden großtechnischen Bewährung des Imhausen-Keppler-Prozesses schlug der Aufsichtsrat Keppler die Fettherstellung als Nebenzweig vor: »Es soll eine Fabrik zur Erzeugung von höchstens 50 000 Jahrestonnen Produkte gebaut werden.« Diese Linie der Union Kraftstoff »mit möglichst geringen Mitteln anzufangen«, ließ Keppler von seinem Plan Abstand nehmen.

Knappe Ration: Mit dem Kriegsausbruch begann auch die Rationierung der Lebensmittel

Gültig vom 25. IX. bis 22. X. 1939
Reichsfettkarte
für Kinder von 6–14 Jahren
K
EA: München-Stadt
Name: Ludwig Rockinger
Wohnort: München
Straße: Tegernseer Landstr. 143
Ohne Namenseintragung ungültig
Nicht übertragbar! Sorgfältig aufbewahren!

EA: München-Stadt
Bestellschein
für Butter oder Butterschmalz
25. IX.—22. X. 1939
K

EA: München-Stadt
Bestellschein
für Käse oder Quarg
25. IX.—22. X. 1939
K

EA: München-Stadt
Bestellschein
für Margarine oder Pflanzen- oder Kunstspeisefett oder Speiseöl
25. IX.—22. X. 1939
K

Das Werk wächst:
Im Spätsommer 1939 dient der spätere Kammerkran bereits als Montagehilfe, vorn links die Fundamente der Einheitskompressoren

Nach dem Speisefettplan die Konservierung

Unterdessen mühten sich 2600 Arbeiter auf der Baustelle in Wesseling ab, darunter 860 Slowaken. Im August 1939 standen die Stahlkonstruktionen einer Reihe von Gebäuden. Der Kohlebunker war im Rohbau. Die Demag montierte bereits den 200-Tonnen-Kammerkran für die Hochdrucköfen.

»Trotz dieses nach außen hin sehr in Erscheinung tretenden Fortschritts«, klagte Blumencron, »müssen wir immer wieder feststellen, daß wesentliche Teile, etwa schwere Peiner Träger oder für die Werkstatt bestimmte Maschinen, bei den Lieferfirmen von der Wehrmacht beschlagnahmt werden.« Ein böses Omen.

Der Anfang vom Ende des Dritten Reiches: Deutsche Truppen marschieren in Polen ein, fortan leidet der Baufortschritt in Wesseling unter erheblichem Personal-, Geräte- und Materialmangel

Der Kriegsbeginn veränderte die Lage entscheidend. Sieben Hydrierwerke produzierten immerhin rund eine Million Tonnen Fertigprodukte – doppelt soviel wie 1936: Leuna, Böhlen, Magdeburg, Scholven, Welheim, Zeitz und Gelsenberg. Im Bau standen Lützkendorf, Pölitz und Wesseling, Pläne existierten für Brüx und Blechhammer. Während deutsche Truppen in der Schlacht im großen Weichselbogen die polnische Armee bezwangen und 170 000 Soldaten gefangennahmen, verlangte der Generalbevollmächtigte für Sonderfragen der chemischen Erzeugung, Dr. Carl Krauch, am 20. September 1939, den Baufortschritt in Wesseling wesentlich zu verlangsamen. »Ich behalte mir vor«, ließ Krauch die Zukunft der UK im ungewissen, »zu gegebener Zeit entweder eine Wiederbeschleunigung der Bauarbeiten oder aber ihre völlige Einstellung und die Verwertung der eingebauten, in Lieferung oder Bestellung befindlichen Anlagenteile zugunsten anderer Bauten anzuordnen.«

Nur einen Monat später, am 24. Oktober, folgte der Befehl zum Baustopp. Ganze 500 Beschäftigte durften fortan Konservierungsarbeiten vornehmen. Weil »die militärischen Stellen zur Zeit kein besonderes Interesse an der Fertigstellung des Werkes haben«, so Brechts Lagebeurteilung, beriet der Aufsichtsrat am 11. Oktober 1939 die Konsequenzen: endgültiger Stopp und Abreißen, zeitweiliges Einstellen mit Konservierung oder langsames Weiterbauen mit bevorzugter Fertigstellung des Kraftwerkes.

Ende November stand das Schicksal der Union auf der Tagesordnung im Berliner Wirtschaftsministerium. Eindrucksvoll schilderte Brecht hochrangigen Vertretern der Behörde und der Wehrmacht, daß in Wesseling bereits 54 Millionen Mark verbaut seien und für weitere 75 Millionen Mark Aufträge liefen. Staatssekretär Dr. Landfried schloß ein Abreißen der Fabrik »aus psychologischen Gründen« aus. Generalmajor von Hanneken erklärte sogar seine »persönliche Ansicht, die er eigentlich nicht hätte sagen wollen, daß er fest überzeugt sei, die Anlage werde spätestens in einem Vierteljahr weitergebaut«. So hielt es das »streng vertrauliche« Protokoll fest.

Daß auch ein totaler Baustopp nicht unrealistisch war, belegt das Beispiel eines Zweigwerks Gladbeck der Scholven AG. Während das Hydrierwerk Scholven am 3. August 1936 mit der erstmaligen großtechnischen Verflüssigung von Steinkohle eine Weltpremiere aufführen konnte, blieben die Überlegungen für einen

Gladbecker Ableger mit 220 000 Tonnen Autobenzin im Planungsstadium stecken. Aus strategischen Gründen machte Krauch der Initiative im Oktober 1939 ein frühes Ende. Eine weitere Ballung von Hydrierfabriken im Ruhrrevier sollte vermieden werden.

Union Kraftstoff in Schlesien?

Die strategische Lage der UK nahe der Westfront ließ die Berliner Mineralöl-Baugesellschaft im Herbst 1939 auch über eine Verlegung ins Reichsinnere nachdenken. Konstrukteur Simmat fertigte eine detaillierte Aufstellung mit Konsequenzen an, »wenn das Werk Rheinbenzin« – gemeint ist Wesseling – »in dem heutigen Bauzustand abgebrochen und mit den hierbei verwendbaren Materialien in Schlesien auf der Basis von oberschlesischer Steinkohle oder in der Lausitz auf der Basis mitteldeutscher Braunkohle neu erstellt wird«. Bald galten die Standorte Riesa und Guben als geeignete Alternativen.

Mittlerweile erfuhr der UK-Vorstand aus der Reichshauptstadt, daß sein in den Geburtswehen liegendes Werk zum Handelsobjekt der Außenpolitik zu verkommen drohte. Carl Krauch hatte den Russen Wesseling als komplettes Hydrierwerk angeboten. So kam es zu dem eingangs zitierten verwirrenden Schreiben vom 16. Januar 1940 aus dem Wirtschaftsministerium. Staatssekretär Dr. Landfried forderte den sofortigen Weiterbau mit der Einschränkung: »Wie Ihnen von Herrn Professor Dr. Krauch bekanntgegeben wurde, besteht die Möglichkeit, daß gewisse Apparaturen, die sich in Ihrem Besitz befinden oder auf die Ihnen ein Lieferanspruch zusteht, auf Verlangen einer ausländischen Regierung an diese geliefert werden.« Der Nichtangriffspakt mit Stalin schützte das Dritte Reich vor einem Zweifrontenkrieg, dieser Umstand zählte mehr als ein weiteres Hydrierwerk, noch dazu nahe am Westwall.

Trotzdem blieben die Verantwortlichen in Wesseling optimistisch und forderten am 23. Januar 1940 von den Anteilseignern weitere 10 Prozent des Grundkapitals ein, um »die Arbeiten am Werk umgehend wieder aufzunehmen«. Bereits einen Tag später adressierte der Generalbevollmächtigte für Sonderfragen der chemischen Erzeugung einen geheimen Schnellbrief an den UK-Vorstand mit der erlösenden Nachricht: »Aufgrund der neuen, von Herrn Reichsmarschall befohlenen und von den obersten Reichsbehörden durchgeführten Regelung der Dringlichkeitsfolge für die wehrwirtschaftlich wichtigen Erzeugungen werden Ihre Bauvorhaben beschleunigt mit Material und Arbeitskräften bedient.« Hermann Göring höchstpersönlich, so schrieb Carl Krauch, »hat den beteiligten Dienststellen die umgehende Deckung Ihres Bedarfs an Facharbeitern und sonstigen Arbeitern selbst auf Kosten anderer kriegswirtschaftlich wichtiger Bauvorhaben oder Betriebe zur Pflicht gemacht«.

Endlich bekam die Union Kraftstoff hohe Priorität für Berlin. Nach Monaten verwirrender Planspiele über Produktionsänderungen und Standortverlegungen bis hin zum Abbruch forderte Berlin nun im Kasernenton der Kriegszeit, »alles einzusetzen, daß Ihr Betrieb die an ihn für den Endkampf gestellten Anforderungen voll erfüllt«. Die Anekdotensammlung eines unbekannten UK-Mitarbeiters hält eine Szene aus dem Jahr 1940 fest, die ohne Chance zur

Spielball der Politik: Berlin bot Josef Stalin (Mitte) die für Wesseling vorgesehenen Hydrieranlagen an

Wissenschaftler, Industrieller und Politiker: Carl Krauch im Labor der I.G. Farben

Frauen stehen ihren Mann: Die Russin Olga Samussenko im Regulierstand der Hydrierkammer 7

Nachprüfung allein ihres Unterhaltungswertes wegen verdient, wiedergegeben zu werden. Hermann Göring entdeckte während einer Rheinfahrt die Fabriksilhouette von Wesseling und erkundigte sich irritiert: »Welcher Idiot hatte die Idee, eine Fabrik hierhinzusetzen?« Die Antwort: »Herr Reichsmarschall selbst!«

Wesseling – eine Vielvölkerstadt

Erst Mitte 1941 sah sich die UK in die höchste Dringlichkeitsstufe eingruppiert. Wies die Union im August 1939 nur 450 eigene Arbeiter und 188 Angestellte auf, ließ sich die Zahl der auf dem Baugelände Beschäftigten bis Sommer 1941 auf 6000 steigern, darunter 2700 Ausländer. Das Gros rekrutierte sich aus Kriegsdienstverpflichteten aller Berufsschichten aus 150 Kilometer Entfernung um Wesseling. 26 Nationen sollten bei Kriegsende die Hälfte der Belegschaft stellen. Vor allem ukrainische Frauen hatten sich als geschickte Apparatewärterinnen bewährt. Sie wohnten im »Rheinlager« auf den Uferwiesen, während die auswärtigen Mitarbeiter im »Südlager« untergebracht waren und von der Deutschen Arbeitsfront (DAF) ihre Verpflegung erhielten. Für die Stammbelegschaft hatte die Union bereits 1939 eine Bereitschaftssiedlung mit 210 Wohnungen in Werksnähe errichtet, die 1941 um weitere 100 Häuser vergrößert wurde.

Fachkräfte zu finden erwies sich als besonders schwierig. So gaben die BASF-Ludwigshafen und Leuna Mitarbeiter an Wesseling ab. Von Leuna kamen auch die beiden nach dem Vorstand wichtigsten Verantwortlichen des Werkes: Dr. Ernst Peukert als Produktionsleiter und Bernhard Moll als technischer Leiter.

Zwischenzeitlich liefen die entscheidenden Verhandlungen zwischen den Reichsstellen, der I. G. Farben und UK über die Produktionskonditionen und die Lizenznutzung. Im Frühjahr 1941 kam es zum Abschluß des Garantievertrages zwischen dem Wirtschaftsminister, seinem Finanzkollegen und der Union Kraftstoff. »Die Gesamtanlage«, forderte die Vereinbarung, »muß in der Lage sein, mindestens 215 000 Tonnen Autobenzin jährlich zu erzeugen.« Im Gegenzug gewährte das Reich »eine Preis- und Absatzgarantie«. Mit der I. G. Farben einigte sich die UK außerdem über einen Kontrakt, der die technische Unterstützung bei der Montage und Inbetriebsetzung der Anlagen sicherte, und über ein weiteres Abkommen, das die Lizenzfragen klärte.

Die Bauverzögerungen hatten weitere Kapitalerhöhungen erforderlich gemacht. Zunächst verdoppelten die Gesellschafter das Grundkapital auf 90 Millionen Reichsmark. Eine zusätzliche viereinhalbprozentige Anleihe brachte 60 Millionen Mark, ein Konsortialbankkredit weitere 50 Millionen Mark. Die Wirtschaftliche For-

Weihnachten 1942: Das Werk lädt Frauen und Kinder der Einberufenen zum Fest ein

Premiere in Wesseling: Der erste Wagen mit Hydrierbenzin verläßt am 27. Oktober 1941 die Fabrikanlagen

schungsgesellschaft mbH in Berlin leistete einen Zuschuß von rund 10 Millionen Mark.

Fünf Mark extra für das erste Benzin

Ernst Peukert verdanken wir eine detaillierte Beschreibung der UK-Produktion im Krieg. Nach seinen Aufzeichnungen geht das Kraftwerk am 10. Januar 1941 ans Netz. Als Tag der »Inbetriebsetzung des Werkes« notiert Peukert den 31. August 1941 – volle 18 Monate später als geplant. Als das erste Benzin läuft, erhält die Stammbelegschaft fünf Mark Sonderzahlung – ein stattlicher Betrag, denn die Personalsachbearbeiterin Auguste Baumgarten zum Beispiel verdient 156 Mark im Monat. Aus der Verkaufsabteilung der Kölner Schokoladenfabrik Stollwerck nach Wesseling dienstverpflichtet, empfindet sie bei der UK rasch »weniger Drill als bei Stollwerck« als sehr angenehm. Neben den fünf Mark extra erinnert sie sich auch an die Weihnachtsgratifikation 1943: eine Flasche Weizenkorn und eine Konserve Spargel.

Wesseling produziert von Herbst 1941 an Treibstoffe nach dem von Matthias Pier zur großtechnischen Reife gebrachten Hochdruck-Hydrierverfahren der I. G. Farben. In zwei Stufen, der Sumpf- und der Gasphase, wird rheinische Braunkohle unter hohem Druck und hohen Temperaturen im Beisein von Katalysatoren verflüssigt und zu Treibstoff weiterverarbeitet.

In der Sumpfphase wird eine Mischung aus gemahlener und getrockneter Braunkohle mit hochsiedendem Öl im Kontaktofen bei 700 Atmosphären Druck mit Wasserstoff zusammengebracht. Das entstehende Mittelöl wird in der anschließenden Gasphase über Katalysatoren geleitet und bei 325 Atmosphären Druck zu Treibstoffen hydriert. Das im Schlamm zurückbleibende Schweröl dient zum Anmaischen neuer Kohle.

Um den Hydrierprozeß in Gang zu setzen, verwendet die Union 11 000 Tonnen estnisches Schieferöl. Den erforderlichen Wasserstoff liefern Pintsch-Hillebrand-Generatoren, die aus Braunkohlenbriketts durch Umsetzen von Kohlenstoff mit Wasserdampf bei erhöhter Temperatur ein Wassergas mit einem Teil Kohlenoxid und zwei Teilen Wasserstoff gewinnen. Eine nachgeschaltete Konvertierung setzt das Kohlenoxid mit Wasserdampf unter Bildung von Wasserstoff und Kohlensäure um.

An Fertigprodukten liefert die Union laut Peukert »ein normales Dieselöl und ein Dieselöl für die Marine, ein kältefestes Dieselöl für den Winterfeldzug in Rußland, ein normales Flugbenzin, ein normales Treibgas und ein sogenanntes Flumo-Treibgas, das zum Einfahren der Flugmotoren diente«.

In der zweiten Jahreshälfte 1941 erreicht die deutsche Hydrierproduktion mit dem Überschreiten der Zwei-Millionen-Tonnen-Grenze ihren Höhepunkt. Wesseling schafft in den verbleibenden Monaten des ersten Betriebsjahres 8700 Tonnen Dieselöl und 1300 Tonnen Autobenzin. Die Soll-Produktion beträgt 225 000 Tonnen Dieselöl im Jahr oder 215 000 Tonnen Autobenzin oder 195 000 Tonnen Flugbenzin. Im Dezember 1942 erzielt das Hydrierwerk erstmals seine volle Monatsleistung. 1943 erreicht die UK ihre Soll-Produktion, ab April fließt auch Flugbenzin aus den Anlagen in Wesseling. Zur Aufnahme dieser Herstellung hat die Bank der Deutschen Luftfahrt Aktiengesellschaft in Berlin 50 Millionen Mark bereitgestellt. Die ersten Monate 1944 bringen sogar eine Überschreitung des Produktionsziels um 15 Prozent. Den Rohstoff Braunkohle für ihre Hochdruckkammern und Gasgeneratoren bezieht die UK unter Einsatz der Köln-Bonner Eisenbahn von der Roddergrube. Für die Herstellung einer Tonne Autobenzin benötigt die Union etwa 17 Tonnen Rohbraunkohle – und zwar für die Kohletrocknung, die Energieerzeugung, die Gasgewinnung und die Hydrierung.

»Kaviar«: Als eines der schwierigsten Anfangsprobleme erwies sich die Bildung von kugelförmigen Kohle- und Aschepartikeln, die mit einer Ölkoksschicht umgeben die Kammern blokkierten

»Kaviar« als unerwünschtes Nebenprodukt

In der Sumpfphase treten zunächst erhebliche Schwierigkeiten auf, vor allem durch das Abscheiden von sogenanntem Kaviar. Kristalline Rückstände umhüllen sich dabei mit Kohle, backen mit Öl zusammen und verstopfen die Kammern. Erst als zwischendurch der »Sand« herausgenommen wird, hören die Störungen auf. Gespannt beobachten die Techniker, wie die Hochdruckkammern der starken Materialbeanspruchung standhalten. Wegen des erheblichen Nickel- und Chrommangels sind auch sogenannte »Ausweichstähle« mit geringeren Legierungsanteilen eingesetzt worden. »Es verdient festgehalten zu werden«, notiert Peukert deshalb um so zufriedener, »daß in der fast vierjährigen Betriebszeit des Werkes keine einzige Betriebsstörung durch Materialfehler oder falsche Materialanwendung eintrat.«

Arbeitsplatz Hydrierwerk: In einer Spezialpresse wurde ein Gemisch aus Öl und Braunkohlenstaub auf 700 atü verdichtet

Als Gestehungskosten für eine Tonne Flüssigprodukt aus 17 Prozent Dieselöl und 83 Prozent Flugbenzin errechnet Peukert für das erste Quartal 1944 die Summe von 403,71 Reichsmark. Mit allein 141,31 Mark liegen die Energiekosten in Wesseling erheblich über den Aufwendungen anderer Hydrierfabriken. Beim Abfassen seines Produktionsberichts im Dezember 1944 zeigt sich der erfahrene Ingenieur voller Zukunftsoptimismus. Produktionskosten von 328,70 Mark pro Tonne kalkuliert er bei einer Reihe von Nachbesserungen. Läßt sich die Kapazität außerdem um 30 Prozent erweitern, sinken die Kosten auf 296 Mark. Bei optimalen Bedingungen ermittelt Peukert für Wesseling Herstellungskosten von 200 Mark pro Tonne Autobenzin.

Über die Leistung der Hydrierwerke insgesamt urteilt der Verfahrenspionier Matthias Pier im Rückblick: »Der Beitrag der Hydrierung zur Mineralölversorgung in den Jahren 1940 bis Anfang 1944 hielt sich stets bei etwa 50 Prozent. Die Hydrierung lieferte fast die Hälfte des Autobenzins und Dieselkraftstoffs, nur einen verschwindenden Teil von Heizöl, aber fast das ganze Fliegerbenzin.«

Die Union Kraftstoff im Bombenhagel

»Der Verlust der Hydrierwerke«, fürchtet Generalfeldmarschall Erhard Milch am 22. April 1943, »ist das Schlimmste, was uns treffen kann; damit steht und fällt die Möglichkeit der ganzen Kriegführung.« Wesseling und den anderen Treibstoffabriken kommt also eine entscheidende strategische Bedeutung zu. Dennoch setzen die Alliierten zunächst andere Prioritäten für ihre Angriffe wie die Kugellagerfertigung, Panzerfabriken, U-Boot-Werften oder Kraftwerke. Den Schwerpunkt der Bomberflüge auf britischer Seite unter Luftmarschall Harris bilden Nachtangriffe auf deutsche Städte. Amerikanische Piloten unter Luftwaffengeneral Spaatz nehmen in Tagesangriffen die Zentren der deutschen Rüstungsindustrie ins Visier. Erst im Frühjahr 1944 rükken die Treibstoffwerke an die Spitze der Einsatzliste für die Bomber, erklärt Spaatz zum strategischen Ziel, »den feindlichen Streitkräften den Treibstoff zu sperren«. Am 12. Mai 1944 hinterlassen alliierte Bomber in Leuna, Böhlen, Zeitz und Lützkendorf schwere Verwüstungen. Wesseling hat zwar am 22. Dezember 1940, am 14. Oktober 1941 und am 15. Oktober 1942 Fliegerangriffe registriert, sie aber ohne nennenswerte Schäden überstanden.

In der Nacht vom 18. zum 19. Juli 1944 jedoch erlebt die Union Kraftstoff ein Inferno. Um 0.55 Uhr kündet Fliegeralarm das Unheil an. Wenige Minuten später erhellen rote Kaskaden das Werksgelände. Dann folgen 20 Minuten lang in drei Wellen die Abwürfe. Mehr als 1000 meist 250 Kilogramm schwere Sprengbomben hageln auf die Hydrierfabrik nieder und entfachen schwere Brände. Vier Tanks und alle Gasometer erhalten Volltreffer. Alle Gebäude außer dem Hauptlabor werden beschädigt. Auch in der südwestlich des Werks gelegenen Siedlung gehen Bomben nieder.

Von den 600 anwesenden Belegschaftsmitgliedern finden dennoch nur drei den Tod. Die Hochdruckaggregate bleiben nahezu unbeschädigt. Um die Folgen möglicher Bombentreffer zu minimieren, hat Peukert das »Insichfahren« des Werks innerhalb von zwei Minuten als Sicherheitsmaßnahme entwickelt: »Insich-

Angriffsziel Hydrierwerk: Im Februar 1943 arbeiten die Anlagen noch unversehrt

Bombenangriff vom 30. Oktober 1944: Ein Teil der Produktionsanlagen geriet in Brand

Nach dem Bombenhagel: Die Zerstörungen treffen die Bereitschaftssiedlung ebenso wie Anlagen der Fabrik

fahren‹ bedeutet die Abriegelung der Betriebe gegeneinander und die Herstellung eines Zustandes, der sekundäre Schäden großen Ausmaßes unmöglich macht. Praktisch ist es die Abstellung des gesamten Werkes bis auf die Energieversorgung und den Hochdruck, der unter Abstellung der Einspritzung der Benzinkammern und Umstellung der Kohlekammern von Kohlebrei auf Anreibeöl weiter betrieben wird.« Das schlagartige Abfakkeln geht – von einem Höllenlärm begleitet – rasch vor sich, das Wiederanfahren dauert vier bis fünf Stunden.

Die Bombennacht vom 18. Juli hinterläßt wertmäßig 20 Prozent des Werkes zerstört. Unter Einsatz von 9000 Mann der Organisation Todt kann innerhalb von zehn Wochen die Voraussetzung für eine 40prozentige Behelfsproduktion erreicht werden.

Als Wiederanfahrtermin steht der 3. Oktober, 13 Uhr, fest. Offenbar aber gelangt diese Information zu den Alliierten. Eine halbe Stunde vorher greifen die Bomber an. 60 bis zu 500 Kilogramm schwere Bomben prasseln auf das Werk nieder. Nach einem weiteren Angriff am 11. Oktober verzeichnen das Zwischentanklager, der Hochdruck und ebenso das Kraftwerk Schäden.

Die SS wittert in Wesseling Sabotage

Wieder beginnen hastige Reparaturen. Nochmals setzen Anstrengungen ein, die Produktion wieder in Gang zu bringen – unter den kritischen Augen der Sicherheitspolizei, die über alles wacht und mit preußischer Genauigkeit alles sieht. Die SS glaubt sich beim Rüstungsministerium über eine »unverantwortliche Kräftehortung« bei der Union Kraftstoff beschweren zu müssen: »Die nach Wesseling dienstverpflichteten Arbeiter sollen nach Berichten ihrer Betriebsführer erzählen, daß in Wesseling keineswegs so angespannt gearbeitet würde wie in den alten Betrieben und daß bei ihrer neuen Arbeitsstätte ein ziemlich geruhsames Leben geführt würde.« Das Rüstungsministerium leitet Ingenieur Moll das Schreiben mit der Bemerkung weiter: »Was ist denn bei Ihnen los?«

Wenige Tage später, am 23. Oktober 1944, verfügte das Rüstungsministerium jedoch, daß fortan in Wesseling nichts mehr los sein sollte. Edmund Geilenberg, Generalbevollmächtigter für Sofortmaßnahmen bei den Treibstoffwerken, teilt dem UK-Vorstand bündig mit: »Ich ersuche Sie, Ihren Betrieb in Wesseling sofort vollständig stillzulegen.« Vor dem Nürnberger Militärgericht wird sein Dienstherr, Rüstungsminister Albert Speer, später eingestehen, daß mit dem Gelingen der US-Treibstoffoffensive »der Krieg produktionsmäßig verloren« war.

Geilenberg jedoch setzt Hitlers Durchhalteparolen unbeirrt in die Tat um. Wenn die alliierten Bomber oberirdische Benzinfabriken zerstören, müssen unterirdische Anlagen her. Also läßt Geilenberg planen: die Raffinerie Misburg in einen Stollen bei Porta an der Weser, die Rhenania-Ossag-Werke aus Harburg in den Harz bei Osterode und die Ruhrchemie-Anlage aus Oberhausen-Holten nach Willingen bei Waldeck.

Dem Vorstand der UK teilt Geilenberg in seinem Stillegungsbefehl mit, daß er »als Betriebsführer für das Projekt ›Schwalbe I‹ vorgesehen« sei. Was sich hinter diesem Tarnnamen verbirgt, erlebte Helmut Hoffmann – heute Leiter des Städtischen Museums in Menden – als 13jähriger Junge vom Dachbodenfenster seines Elternhauses mit. Von dort konnte er auf das Strafgefangenenlager für Schwalbe I blicken.

In eine 700 Meter lange Felswand von 80 bis 130 Meter Höhe des Steinbruchs »Emil« der Rheinisch-Westfälischen Kalkwerke bei Rödinghausen im Hönnetal – heute Teil der Stadt Menden – sollten bergmännische Stollen getrieben werden. Sie sollten die Hydrieranlagen aus Wesseling aufnehmen, um Flugkraftstoff J 2 für den Düsenjäger ME 262 zu produzieren.

Zum Bau von Schwalbe I ließ Geilenberg 5000 Zwangsarbeiter vom Hydrierwerk Blechhammer aus Oberschlesien zu Fuß ins Hönnetal treiben – nur die Hälfte erreichte schließlich das Ziel. Im Straflager »Bibertal« vor Hoffmanns Haustür vegetierten Angehörige aus elf Nationen, Polen, Russen, Österreicher, auch Deutsche. Wer krank wurde, verlor gnadenlos seine Essensration und mußte verhungern.

Heute erinnert ein Gedenkstein auf dem Friedhof in Lendringsen an die Opfer des unmenschlichen Geilenberg-Programms.

Die Schwalbe lernt nie fliegen

In Wesseling protestierten Peukert, Engelhard und Hilberath massiv gegen das Vorhaben Schwalbe, weil sie Hochdruckanlagen in einem Tunnel wegen der Explosionsgefahr für unverantwortlich hielten. Doch die Entscheidung lag nicht in den Händen der UK-Unternehmer, sondern im Rüstungsministerium. Dort zählten im Endkampf offenbar weder Argumente noch Menschenleben. Um das erforderliche Wasser kilometerweit von der Ruhr bei Fröndenberg heranzuschaffen, ließ Geilenberg Stahlrohre von einem Meter Durchmesser verlegen.

Insgesamt 150 Millionen Reichsmark sollte Schwalbe I kosten. Bis Kriegsende war die Hälfte verbaut.

Auf dem Trockenen: Die Treibstoffproduktion für die Messerschmitt 262 im Sauerland kam nicht mehr in Gang

9000 Tonnen Düsentreibstoff sollte das unterirdische Hydrierwerk im Monat aus Braunkohlenteer produzieren. Doch die Schwalbe im Fels hat, so Helmut Hoffmann, »nie einen Tropfen Flugbenzin erzeugt«. Eine Aktennotiz des Arbeitsstabes Geilenberg nennt den »Anfahrtermin von Mitte 1945«. Da lag das tausendjährige Reich längst in Trümmern.

Auf diese Zeit bereitet sich die Union Kraftstoff rechtzeitig vor. Am 15. Dezember 1944 macht sich Friedrich Hilberath mit einem Sonderauftrag nach Stürzerbach in Thüringen auf. Dort soll er bei der Spezialglasfirma Greiner & Friederichs wichtige Dokumente und Konstruktionszeichnungen unterbringen, um sie über das Kriegsende zu retten. Bis Mai 1945 bleibt er dort. Dann spannen sich Hilberath und ein Bonner Freund vor einen Pferdewagen und ziehen elf Zentner persönliche Habe 400 Kilometer weit durch das zerstörte Deutschland zum Rhein – ohne die Firmendokumente. Die dirigiert Hilberath ein Jahr später aus der russisch besetzten Zone: als Verpackungsmaterial für Glasrohre in Eisenbahnwaggons.

Wesseling erreichen am 13. Februar 1945 die letzten Durchhalteappelle. Der Rüstungsinspekteur des Reichsministers für Kriegsproduktion verlangt: »Die Fabrikation muß unter allen Umständen bis zum letztmöglichen Augenblick aufrechterhalten bleiben.« Doch längst gibt es nichts mehr weiterzubetreiben. Am 5. März, vier Tage vor der Werksbesetzung durch die Amerikaner, entläßt die UK ihre Mitarbeiter.

Erhaltenswerte Aggregate sind bereits nicht mehr im Werk, ausgelagert nämlich in die Hellwegstädte Erwitte, Geseke und Soest und auf die Rheinkähne »Genoveva«, »Rhenus«, »Braunkohle 41«, »Rosenhügel« und »Harpen 41«. Diese ausgelagerten Kernstücke der UK-Technik überstehen den Untergang der Terrorherrschaft Hitlers. Sie bilden den Grundstock für einen Neuanfang – diesmal aus unternehmerischer Initiative für einen zivilen Markt.

Der Hochdruck
Neuanfang mit Methanol und Ammoniak

Der Chef beobachtet die Besetzung seines Werkes durch ausländische Truppen. Für die Union Kraftstoff beginnt die »Stunde Null« am 9. März 1945 um 7.15 Uhr. Der Vorstandsvorsitzende Dr. Carl Müller von Blumencron hält diese firmenhistorischen Stunden tagebuchartig fest. Am 5. März hat er die UK-Mitarbeiter entlassen, im Wortlaut des Weltkrieg-I-Majors, »den Abmarschbefehl für unsere Belegschaft gegeben«. »Ich selbst«, entschließt sich der Chef I, »werde als letzter das Werk verlassen und über den Rhein gehen.« Es kommt anders, Blumencron wird bleiben.

Am folgenden Morgen um 10 Uhr fällt der Strom aus. Deutsche Artillerie und Infanterie ziehen sich aus Wesseling Richtung Bonn zurück, am 7. März dringen die Amerikaner in Brühl ein. Tags darauf erfährt Blumencron um 9 Uhr morgens, »daß die Brücke in Bonn gesprengt ist und Fähren nicht mehr im Gange sind«. Dann um 12.30 Uhr: »Erstes persönliches Zusammentreffen mit den Amerikanern bei Eichholz. Sie ließen mich aber nach kurzer Verhandlung wieder zurückfahren.« Am Nachmittag rücken die Amerikaner langsam auf Wesseling vor, fahren um 18 Uhr »mit etwa zehn Fahrzeugen am Werk vorbei in Richtung Urfeld«.

Die Werksbesetzung beginnt am 9. März um 7.15 Uhr. »Zwei amerikanische Spähwagen fahren ins Werk«, beschreibt Blumencron, »und kehren wieder um.« Erst am Nachmittag erscheinen zwei US-Offiziere im Vorstandsbüro. Nach den üblichen Fragen zur Person (»Sind Sie Parteigenosse?«) konzentriert sich das Interesse der Besetzer auf den ins Sauerland ausgelagerten Hydrierbetrieb. »Ich bat ihn, mir als anständigem Deutschen zu ersparen, den Ort zu nennen. Er sagte, später würde ich ihn doch nennen müssen, aber er fragte vorläufig nicht weiter danach.«

Am folgenden Tag tauchen um 10 Uhr ein englischer Oberst und ein Major in Begleitung von vier als Chemiker ausgebildeten Offizieren auf. Sie fragen schon konkreter: Wieviel Flugbenzin welcher Qualität hat die Union Kraftstoff produziert? Sind im Werk Minen gelegt? Blumencrons Schreibtisch und Aktenschränke werden durchgesehen. »Die ihnen wichtig erscheinenden Dinge nahmen die Herren an sich.«

Schüsse auf den Panzerschrank

Ein Tränengasfund stiftet am 11. März plötzlich Verwirrung. Blumencron weiß nichts davon, bis Ernst Peukert aufklärt. Er hat das Tränengas im Labor herstellen lassen, um damit nötigenfalls Parteileute abzuwehren, die ihn gegen seinen Willen auf die rechte Rheinseite herüberbringen wollen. Im Garten von Dr. Hahn lassen die Offiziere eine Blechkiste ausgraben, die Jahresberichte der Betriebskontrolle enthält. Am 14. März erscheinen die Amerikaner W. Schwinn und H. R. Habicht. Ihr Interesse für die kaufmännischen Akten weist sie als Betriebswirtschaftler aus. Tags darauf studieren zwei US-Piloten die Flugbenzin-Aufzeichnungen. »Sie waren unangenehm berührt zu hören, daß eine englische Kommission schon die wichtigsten Sachen mitgenommen hatte.« Verbündet zu sein schützt offenbar nicht vor nationalen Egoismen.

Zum Durchforsten des Aktenbestandes nehmen sich die Amerikaner zwei Tage Zeit, den 1. und 2. April. Der Panzerschrank in Bau 130 wird beschossen – mit geringem Erfolg: Er läßt sich nicht mehr öffnen. Dann fährt am Nachmittag des 2. April ein Major vor und befiehlt, »daß wir ab 3. April, 8 Uhr morgens, das Werk nicht mehr betreten dürften. Ich erreichte mit größter Mühe«, zeichnet Blumencron auf, »daß diese Frist um drei Stunden verlängert wurde.« So ließen sich wenigstens die Unterlagen, die zur Bezahlung der Angestellten und Arbeiter erforderlich waren, aus dem Werk herausschaffen. Am 5. April schließt sich der Befehl an, die Siedlung bis 20 Uhr zu räumen.

Doch Blumencron läßt sich nicht entmutigen. Endlich bekommt er am 16. April die Erlaubnis, Major Davis in Köln besuchen zu dürfen. Der schickt zwar Captain Emerson zur Unterredung, aber aus dessen Äußerungen schöpft der Chef I neue Hoffnungen für die UK: »Er sagte, daß Amerika großes Interesse daran hätte, daß Deutschland Benzin selber mache.

Die Stunde Null in Köln: Aus dem Trümmermeer ragt einsam der Dom

Wenn wir betriebsfertig wären, könnten wir die Produktion sofort aufnehmen.«

Blumencron faßt die Gelegenheit beim Schopf und lädt den Captain sowie seinen Major gleich zum Werksbesuch ein. Zwei Tage später erklärt ihnen Ernst Peukert zwei Stunden lang die Anlagen in Wesseling.

Szenen aus dem Frühjahr 1945, noch bevor die deutschen Truppen am 8. Mai kapitulierten. Auf Jalta hatten sich bereits die Russen, Amerikaner und Briten darauf verständigt, »die gesamte deutsche Industrie, die für militärische Produktion benutzt werden könnte, zu beseitigen oder unter Kontrolle zu stellen«. Dann unterzeichnete Generaloberst Alfred Jodl im Hauptquartier des westalliierten Oberbefehlshabers General Eisenhower in Reims die deutsche Gesamtkapitulation. Die Kriegsbilanz des vermeintlich tausendjährigen Reiches lautete niederschmetternd: 35 bis 40 Millionen Menschenopfer in Europa, ein Viertel des Staatsgebietes abgetrennt, die deutsche Industrie zurückgeworfen auf rund 30 Prozent des Standes von 1937, dem ersten Jahr der Vollbeschäftigung im Dritten Reich.

Deutschland geschlagen, geächtet, die Städte in Trümmern, die Menschen mutlos, mitverantwortlich für kaum faßbare Greueltaten an jüdischen Mitbürgern. Augenzeugen helfen, die Trostlosigkeit der »Stunde Null« anschaulich zu machen. »Ich bin über einen Trampelpfad geschlichen«, erinnert sich Paul Schallück über seinen Besuch in Köln, »der vom Dom wegführte irgendwo in eine Wüste aus Schutt, und habe erst hinterher erfahren, daß es die Hohe Straße war, das Zentrum des Kaufens und Verkaufens.«

Das Werk sorgt für ein Dach über dem Kopf

Die beabsichtigte Wiederaufnahme der Produktion stellte die UK vor ein dringendes Problem: die Beschaffung von Wohnraum. Diese Sorge begleitete das Werk seit seiner Gründung, da viele Mitarbeiter von weit außerhalb kamen. So konnte die örtliche Presse bereits im Juni 1939 über »Neuwohnungen für 470 Familien« im Westen Wesselings berichten. »Hier entstehen als Vierjahresplansiedlung mit 300 Volkswohnungen und über 100 Kleinsiedlungen gesunde Arbeiterwohnstätten für die künfti-

Bauherr UK: Parallel zur Errichtung des Werkes entstand die Bereitschaftssiedlung

Der UK-Beitrag zum Wiederaufbau: Die Werkssiedlung in der Hubertusstraße wurde Anfang der fünfziger Jahre bezugsfertig

UK-Baugeld für Genossenschaften: Aus Trümmerschutt wuchsen Mehrfamilienhäuser an der Ahrstraße

Wohnqualität in Wesseling: Großzügige Grünflächen bestimmen das Bild der Bereitschaftssiedlung

ge Gefolgschaft der im Aufbau begriffenen Werksanlagen der Union Kraftstoff AG«, notierte der Korrespondent markig. »Ein weiteres Bauvorhaben ist zwischen dem Werk und der Reichsstraße Köln–Bonn in Angriff genommen worden. Hier werden zwei Bereitschaftssiedlungen mit 70 Wohnungen in Einzel- oder Doppelhäusern für diejenigen Angestellten, Techniker und Ingenieure erstehen, die jederzeit erreichbar sein müssen.« Vor allem die Anlage der Mehrfamilienhäuser fand das Lob des Pressebeobachters: »Durch ein gelegentliches Vorziehen der Treppenhäuser, einen Wechsel in der Farbe, vor allem aber durch ihre Lagerung zueinander und ihre Einbettung in zum Teil weit ausgreifende Grünflächen hat man die ermüdende Gleichförmigkeit älterer Wohnsiedlungen zu vermeiden gewußt.«

Schon am 16. August 1939 konnte der Vorstand dem Aufsichtsrat berichten, »daß in unserer Stammarbeitersiedlung zwischen Wesseling und Keldenich die ersten Häuser bereits bezogen werden konnten«. Nach Kriegsbeginn litt der Wohnungsbau jedoch ebenso wie die Werkserrichtung unter Arbeiter- und Materialmangel. Nun, in der Zeit alliierter Besatzung, war die Wohnungsnot durch den Zustrom ostdeutscher Flüchtlinge noch viel drückender.

Bis 1953 entstanden mit finanzieller Hilfe der UK 389 Wohnungen, 190 weitere waren im Rohbau. Schon vier Jahre später wohnte gut ein Drittel der Belegschaft in UK-geförderten vier Wänden, 1960 erreichte dieser Anteil stattliche 50 Prozent. Nicht wegzudenken aus dem Alltag der Werkssiedlungen der Nachkriegszeit war ein Pferdefuhrwerk, das bis Mitte der sechziger Jahre Rückstände von der Brikettvergasung in die Häuser brachte, den sogenannten Generatorkoks. Als ebenso nützlich erwiesen sich die »Hilberäthchen«, ölgetränkte Braunkohlekuchen, auch wenn sie beim Verheizen die Dächer in graugelben Qualm hüllten.

In ihrem Wiederaufbauprogramm förderte die Union entweder Wohnungsbauten der Rheinischen Kleinwohnungsbau GmbH und erwarb damit ein Belegrecht oder vergab zinsgünstige Darlehen zum Errichten von Eigenheimen. Heute kann das Unternehmen auf fast 2000 mitfinanzierte Wohnungseinheiten zurückblicken.

Frieren oder fringsen?

Wohnung, Heizmaterial und Essen: Der Alltag in den ersten Jahren nach 1945 reduziert sich auf die zeitraubende und mühsame Befriedigung von Grundbedürfnissen. Stehlen, um zu überleben. Fringsen heißt das bald, denn Kölns Kardinal Frings gibt seinen Segen dazu: »Wir leben in Zeiten, da in der Not auch der einzelne das wird nehmen dürfen, was er zur Erhaltung seines Lebens und seiner Gesundheit notwendig hat, wenn er es auf andere Weise durch seine Arbeit oder durch Bitten nicht erlangen kann.« Fringsen oder frieren? Der Kohlenklau geht um.

Ein Zwiegespräch veranschaulicht die Ernähungslage besser als Statistiken. Ehemann: »Was gibt es heute zu essen?« Frau: »Kartoffeln.« Ehemann: »Und was dazu?« Frau: »Gabeln!« Auf den Grünflächen der UK wachsen Kartoffeln und Suppengrün. Um dem Kleiebrei in der Kantine Geschmack abzugewinnen, stehen in vielen Schreibtischen Kuba-Zucker und Suppenpaste als Appetitverbesserer: »Essen wir heute einen süßen oder einen würzigen Brei?« Aber die allseitige Not weckt die Hilfsbereitschaft der Mitarbeiter untereinander. Einer fertigt einen Holztisch in der Schreinerwerkstatt an, andere organisieren Glasscheiben, leihen einen Kanonenofen oder eine Sprungfedermatratze aus. Am meisten jedoch nagt der Hunger. Die Böden liegen ausgezehrt da, nur 10 Prozent des dringend erforderlichen Bedarfs an Kali, Stickstoff und Phosphorsäure lassen sich 1945 durch Chemiedünger decken. Hier sieht die Union Kraftstoff eine unternehmerische Chance, als ihr näherliegende Wege kurzerhand gesperrt werden.

Noch am 28. Mai 1945 stellen die Verantwortlichen der Union Kraftstoff eine optimistische Zustandsbeschreibung zusammen: »Von den großen Hydrieranlagen kann das Werk Wesseling als das am wenigsten zerstörte angesehen werden.« Mehr noch: »Schätzungen haben ergeben, daß das Werk mit einer Teilproduktion bis zu 40 Prozent der Soll-Leistung, das sind 80 000 bis 100 000 Tonnen Treibstoff, wieder in Betrieb genommen werden könnte, wenn sechs Monate lang etwa 2500 Arbeitskräfte zur Verfügung stünden.«

Der Treibstoff aus Wesseling soll Traktoren in der Landwirtschaft wieder flottmachen, da »die Hydrierung rheinischer Braunkohle ein besonders gutes Dieselöl ergibt«.

Produktionsverbot für Hydrierbenzin

Doch ein Schreiben der Militärregierung an den UK-Vorstand zerstört am 8. Juni 1945 alle voreiligen Hoffnungen. Jede Treibstofferzeugung wird untersagt. Das Hydrierwerk Wesseling hat seine Existenzgrundlage verloren. Doch die UK bäumt sich gegen ein frühes Ende auf, wie das Aufsichtsratsprotokoll vom 12. September 1945 belegt: »Alle Beteiligten waren sich klar, daß es besser sei, wieder einen lebensfähigen Betrieb aus der Union Kraftstoff zu machen, statt einen Schrotthaufen zu verteilen.«

Eine Unzahl militärischer Dienststellen von Amerikanern, Briten und Belgiern regieren die lahmgelegte Fabrik von Köln, Düsseldorf, Frechen oder Hannover aus. Immerhin haben die Alliierten am 1. Juni 1945 die Reparatur des Kraftwerks erlaubt, das ab November Strom für die Region produziert. Ab Mitte Juli gestatten die Militärs auch den Rücktransport der ausgelagerten Aggregate von Soest, Erwitte und Geseke.

Die Aufteilung Deutschlands in Besatzungszonen erweist sich ungeachtet aller Erschwernisse, insbesondere für die Bewohner des russischen Sektors, als Vorteil für die UK, weil diese Abgrenzung spezifische Versorgungslücken aufreißt. Während der französischen Zone Ludwigshafen als Lieferant für Stickstoffdünger zur Verfügung steht und die Sowjets in ihrer Zone das Ammoniakwerk Merseburg (Leuna) besitzen, sehen sich die britische und amerikanische Zone benachteiligt. Deshalb zeigt sich die für Wesseling zuständige britische Besatzungsbehörde bereits am 27. August 1945 grundsätzlich einverstanden, der UK den Übergang von der Benzinherstellung zur Ammoniakerzeugung zu gestatten. Treibstoff für Nutzpflanzen heißt fortan die Devise.

Ein PS im Werk: Wegen treuer Dienste durften Mann und Pferd noch 1958 kleine Transporte vornehmen – bis der Hafermotor aufgab

Düngemittel fehlen: So mußten auch Grünflächen, wie hier in Berlin, zum Gemüseanbau herangezogen werden

Handwerkliche Sorgfalt: Der Umgang mit hohem Druck erfordert gewissenhafte Mitarbeiter

Für beide Verfahren bildet der Hochdruck die technische Klammer – eine deutsche Entwicklung. Seit der Jahrhundertwende gab es Hochschulversuche, um den Stickstoff unserer Atemluft als Dünger für die Äkker zu nutzen. Zwischen 1909 und 1913 übertrug der BASF-Chemiker Carl Bosch das vom Karlsruher Professor Fritz Haber gefundene Verfahren in großtechnische Praxis. Dünger aus Luft und Wasser: Diese Synthese von Ammoniak aus Stickstoff und Wasserstoff wurde unter hohem Betriebsdruck und hohen Temperaturen im Beisein eines Katalysators möglich.

Die Vision Justus von Liebigs ging in Erfüllung: »Es wird die Zeit kommen, wo man jede Pflanze mit dem ihr zukommenden Dünger versieht, den man in chemischen Fabriken bereitet.« 1916 entstand Leuna. Es produzierte 1922 schon soviel Stickstoff, wie die deutsche Landwirtschaft vor dem Ersten Weltkrieg insgesamt verbrauchte.

Unterdessen war es 1913 in Oppau den BASF-Chemikern Mittasch und Schneider gelungen, aus Kohlenoxid und Wasserstoff bei 1000 Atmosphären Druck Rohmethanol herzustellen. Mit Zink- und Chromoxid als Katalysator konnte Pier 1923 in Oppau sogar reines Methanol im Hochdruck gewinnen. Ein Jahr später optimierte er die Bergius-Idee der Kohlehydrierung unter hohem Druck.

Die UK nutzt ihr Hochdruck-Know-how

Seither standen drei klassische deutsche Hochdruckverfahren zum industriellen Einsatz bereit: Luft, Wasser und Kohle ließen sich damit zu Ammoniak, Methanol und Treibstoffen umwandeln. Das Bergius-Pier-Verfahren bestimmte die Produktion der Kriegsjahre. Nun, mit dem Hydrierverbot konfrontiert, besannen sich die UK-Techniker der weiteren Nutzungschancen ihres Hochdruck-Know-hows und der entsprechenden Anlagen im Werk. Methanol und Ammoniak sollten die Nachkriegsproduktion in Wesseling zunächst wesentlich prägen.

War der Ammoniakdünger aus der Not des Ersten Weltkrieges geboren, setzte die UK nach dem Ende des Zweiten Weltkrieges ebenfalls auf dieses Erzeugnis, um das Elend im Nachkriegsdeutschland lindern zu helfen. Das Protokoll der Aufsichtsratssitzung vom 5. Juli 1945, also wenige Wochen nach Kriegsende, hielt bereits die neue Perspektive lapidar fest: »Dr. Peukert empfiehlt, aus Erlös- und Absatzgründen neben der Treibstoffherstellung die Ammoniak- und Methanolherstellung in Erwägung zu ziehen.«

Nach dem Verbot zur Kraftstoffhydrierung sah sich die UK zunächst jedoch der Gefahr ausgesetzt, abgebaut und als alliiertes Beutegut fortgeschafft zu werden. Die alarmieren-

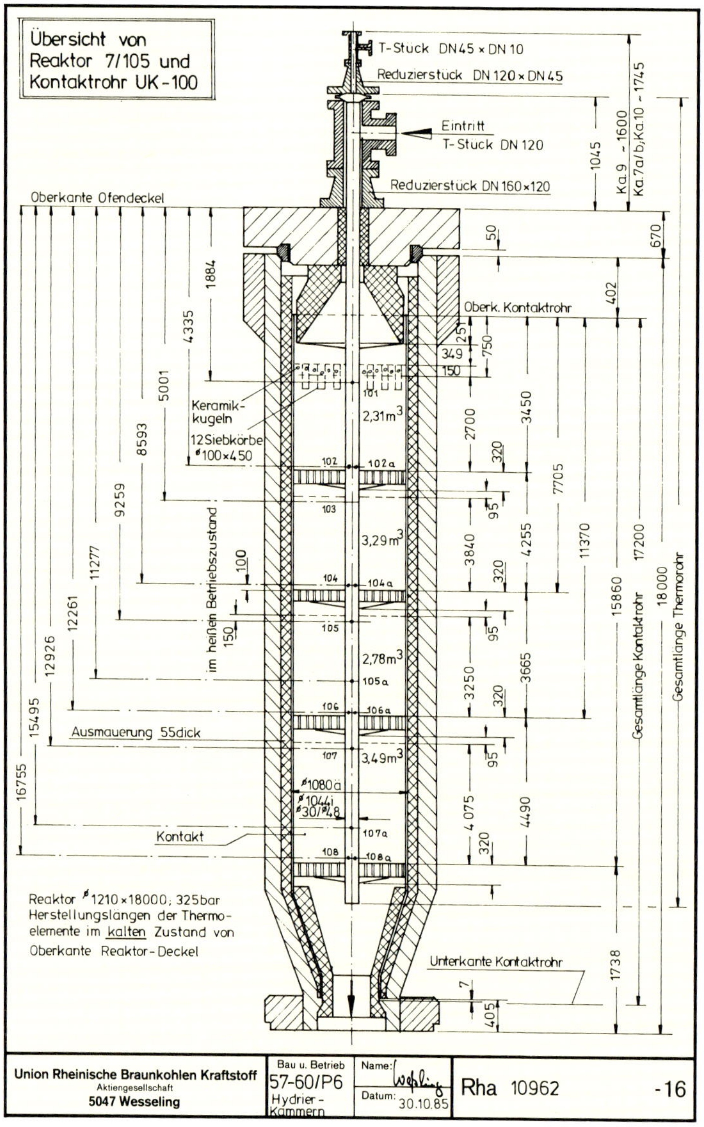

Komplizierte Technik: Schnittbild eines Hochdruckreaktors von 18 Meter Länge für einen Betriebsdruck von 325 Atmosphären

Regelmäßige Kontrolle: Die Messung der Wandstärken mit Hilfe von Ultraschall war schon Anfang der fünfziger Jahre bei UK Routine

de Nachricht erreichte den Aufsichtsrat am 17. Oktober 1946. Der Vorstand berichtete, »daß unser Werk mit Ausnahme des Kraftwerks auf die Reparationsliste gesetzt worden ist«. Die Militärregierung verlangte »eine genaue Abschätzung der abtransportierbaren Maschinen, Apparate und Bauwerke«. Immerhin signalisierten die Engländer, daß »das von ihnen jetzt festgelegte Produktionsprogramm, das bei uns die Methanol-Produktion vorsieht, dadurch zumindest zunächst nicht beeinflußt wird«.

Engelhard, der Chef des Hochdrucks, erinnert sich nur an ein tatsächlich weggeschafftes Aggregat, und zwar einen fertigungstechnisch hochinteressanten Wickel-Hohlkörper aus der Hochdruckanlage. Trotzdem, so blieb der Personalsachbearbeiterin Auguste Baumgarten haften: »Es herrschte die Angst, jeder fragte sich, ob es weitergeht oder nicht?«

Von der Demontageliste gestrichen

Eine beruhigende Aktennotiz, datiert vom 13. Juli 1949 über ein Telefonat mit verantwortlichen britischen Militärs, »daß unser Werk endgültig von der sogenannten ›Berliner Liste‹ der Reparationsbetriebe gestrichen sei«. Damit »sei auch die Entscheidung darüber gefallen, daß die geplante Demontage in unserem Werk nicht durchgeführt würde«. Und vor Vertretern der Industrie- und Handelskammer Köln erläuterte Blumencron 1953 ergänzend: »Die Union Kraftstoff war in dem Abkommen von Washington als einziges der Hydrierwerke von der Demontage namentlich ausgenommen.« Das Desinteresse der Alliierten an einer Demontage von Wesseling erklärte der Chef I im nachhinein damit, »daß wir zeitiger als alle anderen zu wichtigen Produktionen gekommen waren«, möglicherweise aber auch mit dem Umstand, »daß wir von Braunkohle ausgingen, die die Alliierten nicht interessierte«.

Tatsächlich erteilten die Besatzer am 9. Oktober 1946 die Erlaubnis zur Produktion von 1500 Tonnen Methanol pro Monat und am 15. September des folgenden Jahres das Permit zur Erzeugung von Ammoniak. Die 1200 Mann, die seit November 1945 auf dem Werksgelände aufräumten und reparierten, arbeiteten fortan für ein erstrebenswertes Ziel. Doch bis dahin galt es, eine Hungerstrecke durchzustehen.

»Chaos über Deutschland« betitelte die erste Ausgabe des »Spiegels« am 16. November 1946 ihren Situationsbericht: »In Köln traten die 1300 Mann starke Belegschaft der Westwaggon-AG und 4500 Leute der Kloeckner-Humboldt-Deutz AG für dreieinhalb Stunden in den Streik, um gegen die völlig unzureichende Ernährung zu protestieren.« Mindestens 2200 Kalorien benötigt ein Erwachsener, viele mußten sich mit 900 bis 1300 Kalorien Tagesration begnügen. Der Tauschhandel blühte. Bei der UK lagen »organisierte« Kartoffeln im Bunker, dafür roch es nicht nur im Labor zuweilen verdächtig nach Trinkalkohol, nach »Knolly-Brandy«. Die Zigarettenzuteilung, die Milchausgabe oder die Schusterwerkstatt waren aus dem Werksalltag nicht wegzudenken.

Stickstoff-Partnerschaft mit Hoechst

Im strengen Winter 1946/47 geriet Nachkriegsdeutschland in einen Teufelskreis. Ernährung, Energieversorgung und Verkehr brachen zusammen: Weil die Kumpel hungrig blieben, stockte der Kohlenachschub, blieben die Loks stehen, die Wohnungen kalt . . . Um die Ernährung zu verbessern, war ein größeres Angebot an Stickstoffdünger Voraussetzung. Die UK besaß mit ihren Hochdruckanlagen die nötige technische Ausstattung. Auch zur Herstellung von Synthesegas aus einem Volumenteil Stickstoff und drei Volumenteilen Wasserstoff standen die Pintsch-Hillebrand-Generatoren bereit.

Noch säumten bis zu zwei Meter hohe Schrott- und Schuttwälle die Werksstraßen, doch die Ammoniakproduktion konnte am 15. September 1947 in Wesseling beginnen. Die ehemalige Sumpfphasekammer 5 war dazu umgerüstet worden, am 12. Mai 1948 sollte eine zweite Kammer hinzukommen. Zunächst durften 3000 Tonnen im Monat produziert werden, dann genehmigte der nordrhein-westfälische Wirtschaftsminister am 8. Dezember 1948 die Aufstockung auf 5000 Tonnen Ammoniak im Monat.

Welche Bedeutung diese Fabrikation für die Landwirtschaft besaß, veranschaulicht ein Rundschreiben des Landwirtschaftsamtes Nordrhein vom 18. November 1947. Es teilte allen Landwirtschaftsschulen und Beratungsstellen mit, daß »bei der Union Kraftstoff in Wesseling erfreulicherweise die Erzeugung von flüssigem Primärammoniak angelaufen ist«. Eindringlich mahnten die Verfasser, das Ammoniakwasser zur Ertragssteigerung einzusetzen.

Das Ammoniak brachte auch zwei Partner zusammen, die noch heute ein enges Geschäftsverhältnis verbindet: Hoechst und UK. Seit das Gesetz Nr. 9 des Viermächte-Kontrollrats vom 30. November 1945 die Aufspaltung der I. G. Farben verfügte, sah sich Hoechst gegenüber BASF und Bayer benachteiligt. Die Ludwigshafener besaßen einen zusammenhängenden Produktionskomplex, Leverkusen rationelle Betriebsanlagen. Hoechst jedoch verlor bei der Wiedergründung der drei Farbennachfolger 1951 einen Teil seiner Vorproduktenwerke. Deshalb gingen Höchst und Wesseling am 28. Mai 1953 eine »Stickstoff-Ehe« ein. Als Zweck ihres Vertrages galt, »für die Verarbeitungsanlagen in Frankfurt-Höchst die Rohstoffbasis, für die Erzeugungsanlagen in Wesseling die Verarbeitungsbasis sicherzustellen«. Dazu legte das Abkommen fest: »Wesseling verpflichtet sich, für die Dauer des Vertrages einen Anteil von etwa 80 Prozent des bei Hoechst jeweils bestehenden Stickstoffbedarfs durch Lieferung von Ammoniak an Hoechst zu decken, und Hoechst verpflichtet sich, diese Ammoniakmenge abzunehmen.«

Die Ammonsulfat-Episode von Krefeld

Schon 1953 ließ diese Vereinbarung die Ammoniakfabrikation in Wesseling die 100 000-Tonnen-Marke überschreiten. Diese Expansion setzte sich bis 1968 fort, als die Union Kraftstoff 327 000 Tonnen Ammoniak herstellte. Die Lieferungen aus Wesseling umfaßten neben Hoechst und der Chemischen Fabrik Kalk auch als größten Exportkunden die Svenska Salpeterverken Köping.

Zugleich bemühte sich die UK auch seit 1958 um einen direkten Absatz von Ammoniakwasser für die

UK macht Mode: Schutzanzug für Arbeiten im Bereich der Ammoniakanlage

Maschinengalerie: Synthesegaskompressoren für die Herstellung von Ammoniak

Agrarbetriebe der Köln-Aachener Bucht. An der Bonner Landwirtschaftlichen Untersuchungs- und Forschungsanstalt durchgeführte Tests erbrachten solch ermutigende Resultate, daß der Bundeslandwirtschaftsminister das UK-Ammoniakwassser 1962 ins Düngemittelregister eintragen ließ.

Ende 1957 bot sich der UK die Chance, den Absatz des Ammoniaks weiter zu sichern und noch dazu das bisher ungenutzte Nebenprodukt Kohlensäure sinnvoll zu verwenden. Die Essener Wasag AG und UK gründeten zu jeweils 50 Prozent Anteil die Stickstoff-Werk Krefeld GmbH. Die Unternehmensgründung sah vor, Gips und Ammoncarbonat – bei UK aus Kohlensäure und Ammoniak produziert – in Krefeld zum Düngemittel Ammonsulfat weiterzuverarbeiten. Wegen ihrer stark korrosiven Wirkung mußte die Ammoncarbonat-Lösung in Aluminiumbehältern eines Spezialschiffs der Reederei Braunkohle nach Krefeld verschifft werden.

Doch die Ammonsulfat-Produktion vermochte die gesteckten Ziele nicht zu erreichen. Neben technischen Problemen enttäuschte auch die Ertragslage. Die ungünstige Preisentwicklung für Ammonsulfat machte alle erreichten Fortschritte zunichte. Deshalb legten Wasag und UK den Betrieb am 30. April 1961 still. Die Marktsituation machte auch Pläne der Union zunichte, zusammen mit den Süddeutschen Kalkstickstoffwerken Ammonsalpeter herzustellen.

Die Konkurrenz nutzt Erdgas an der Quelle

Fortan mußte sich die UK gegen ausländische Anbieter im Markt behaupten, die mit billigeren Rohstoffen und niedrigeren Strompreisen kalkulierten. So erläuterte der Vorstand dem Aufsichtsrat im Dezember 1962 »Pläne von Ölgesellschaften, in Libyen oder der Sahara aus billigem Erdgas erzeugtes Ammoniak flüssig nach Europa zu bringen und hier für die Düngemittelerzeugung anzubieten«. Die UK reagierte und ersetzte den Rohstoff Kohle durch kostengünstigeres Erdöl. Mitte der sechziger Jahre erwuchs Wesseling mit dem Bayer-Werk Dormagen ein ehemaliger Kunde zur gewichtigen Konkurrenz. Noch ging rund die Hälfte der Ammoniakerzeugung nach Hoechst, aber auch dort wurde eine eigene Anlage gebaut. Zur gleichen Zeit entstanden in Rotterdam Ammoniakfabriken der Shell und Esso.

Die negative Entwicklung der Ammoniaksparte kam 1970 also nicht unerwartet. »Mit der Verschlechterung der Marktsituation in den außereuropäischen Ländern«, interpretierte der Vorstand die Lage, »haben europäische Düngemittelerzeuger versucht, zu Lasten ihres Exports einen Marktanteil auf dem deutschen Düngemittelmarkt zu erlangen. Dadurch sind auch die Inlandspreise über Erwarten stark in Mitleidenschaft gezogen worden.« Hoechst reagierte konsequent und kürzte das Düngemittelsortiment. Die Ammoniaklieferungen aus Wesseling sanken deshalb von ursprünglich geplanten 150 000 Tonnen auf rund 80 000 Tonnen.

Trotz wesentlicher verfahrenstechnischer und wirtschaftlicher Verbesserungen in der Ammoniakfabrikation konnte die UK mit ihren energieaufwendigen Hochdruckanlagen immer weniger konkurrieren. Hinzu kamen Standortnachteile gegenüber Mitbewerbern in Europa und Asien für das Exportgeschäft. Deshalb stellte Wesseling am 2. Januar 1980 die Ammoniakproduktion ein. In 32 Jahren waren 7,3 Millionen Tonnen Stickstoff hergestellt worden, halfen, die deutsche Nachkriegsbevölkerung mit Nahrungsmitteln zu versorgen, sicherten anschließend in der dritten Welt bessere Erträge, bis der Überfluß an Dünger den Ammoniakarbeitern in Wesseling den Broterwerb nahm.

Der Vorstand beugte sich der Erkenntnis, »daß UK auf der Basis der in Deutschland zur Verfügung stehenden Rohstoffe, mit dem transportungünstigen Standort Wesseling und der in bezug auf den Stromverbrauch unwirtschaftlichen alten Hochdrucktechnik gegen die Rohstoffvorteile in anderen Teilen der Welt nicht konkurrenzfähig sein kann«.

Ein Stück Brot: Ammoniak-Dünger aus Wesseling half in der Nachkriegszeit die Agrarerträge zu steigern

Lange Jahre das Wahrzeichen des Werkes: Der Prillturm, Teil der Harnstoffanlage

Harnstoff aus Wesseling

Mit dem Ammoniak stellte die Union auch eine davon abgeleitete Produktion ein: die Erzeugung von Harnstoff. Am 5. Juli 1955 diskutierten erstmals verschiedene Betriebsleiter der UK die Überlegung, Harnstoff herzustellen. Als bedeutender Produzent von Ammoniak lag es für die Union Kraftstoff nahe, den Weg zum chemisch verwandten Harnstoff weiterzugehen. Dessen Hauptabsatzfeld lag ebenfalls in der Düngung, außerdem im Einsatz als Viehfutter oder auf technischem Gebiet als Vorprodukt für Harze und Lacke.

Die Juli-Konferenz sah vor allem zwei Vorteile einer ergänzenden Harnstoffabrikation: Die UK schuf auf längere Sicht Ersatz für auslaufende Verträge mit Ammoniak-Großkunden und wandte sich der Erzeugung eines Endprodukts mit naturgemäß besse-

ren Erlöschancen zu. »Harnstoff ist Wesseling aufgrund der Rohstofflage auf den Leib geschrieben«, urteilte die Expertenrunde. Denn die Union besaß die beiden Grundsubstanzen für Harnstoff in ausreichender Menge: Ammoniak und Kohlensäure. Einziger deutscher Produzent war bis dahin die BASF mit rund 120 000 Tonnen Harnstoff im Jahr.

Im Februar 1956 konkretisierten sich die Pläne. Vier Jahre später baute die UK ihre erste Harnstoffanlage mit 75 Tonnen Tageskapazität nach dem Verfahren der holländischen Stamicarbon. Zunächst produzierte Wesseling nur Düngeharnstoff, den Hoechst vermarktete. Ab 1961 wurde die Palette jedoch auf technischen Harnstoff erweitert als Vorprodukt für Kunstharze, Textilhilfsmittel oder Kauritleim. »Der hohe Preis der BASF«, erfuhr der Aufsichtsrat vom Vorstand, »hat die Leimgroßverbraucher veranlaßt, selbst Kauritleim herzustellen.« Auch für Newcomer wie die UK boten sich damit Zulieferchancen. Diesen Verkauf nahm Wesseling in eigene Regie.

Bereits 1964 verdoppelte die UK ihre Harnstoffproduktion mit einer zweiten Anlage. Ein Jahr später verließen 61 000 Tonnen Harnstoff das Werk. Der Prillturm wurde zum Wahrzeichen der UK. In ihm entstanden kleine Kügelchen, sogenannte Prills, durch Herabfallen versprühter Harnstofftröpfchen im Turm.

Da die Situation auf dem Düngemittelsektor sich weiter günstig entwickelte, trat die UK bald in Überlegungen für zwei weitere Anlagen mit jeweils 250 Tonnen Tageskapazität ein. Die holländische Stamicarbon konnte mit ihrem neuen Stripping-Prozeß zugleich ein Verfahren anbieten, das eine Energieeinsparung von rund 1,4 Tonnen Dampf pro Tonne Harnstoff versprach. Vorerst jedoch bestand für diesen Produktionsweg nur eine Pilotanlage mit 20 Tonnen Leistung pro Tag. So konnte es nicht verwundern, daß der Sprung zur Großanlage in Wesseling nicht ohne technische Nachbesserungen vonstatten ging. Planung, Bau und Inbe-

Techniker unter sich: Vorstandsmitglied Dr. Reiner Kühn (Mitte) vor Ort

triebsetzung der Harnstoffanlagen 3 und 4 lagen in den Händen von Reiner Kühn, der damals den Hochdruckbetrieb leitete, später die Forschung übernahm, ehe er sich Planungsaufgaben zuwandte und seit Jahresanfang 1976 im Vorstand den Naturwissenschaftler stellt.

Einen Hauch von großer weiter Welt konnte spüren, wer die Bestimmungsorte auf den Jute- und Papiersäcken las: Hongkong, Bandar Abbas (Iran), Hodeida (Jemen), Nicaragua . . . Zugleich verrieten die Aufkleber die Hauptabsatzgebiete, nämlich Asien, Afrika und Südamerika. 155 000 Tonnen Harnstoff verließen 1969 Wesseling.

Düngerregen für Weinstöcke

Forschungs- und Entwicklungsarbeiten begleiteten die Produktionssteigerung. So regte die UK 1963 eine fast zehnjährige Zusammenarbeit mit den Landeslehr- und Versuchsanstalten Trier und Bad Kreuznach an, um das Aufbringen von Harnstofflösungen zur Blattdüngung im Weinbau zu erproben. Ein solcher Versuch lief auf dem Konzer Geisberg ab, einem Steilhang mit 25 Prozent Gefälle und besonders kargem Boden, im Fachjargon: steinigem Gehängelehm auf Devonschiefer. Diese und andere Untersuchungen erbrachten vor allem auf armen Böden positive Ergebnisse.

Besonderes Engagement verwandten die UK-Forscher darauf, Harnstoff nach amerikanischem Vorbild auch in der Bundesrepublik als Viehfutter zu etablieren. Basierend auf deutschen Vorkriegsforschungen setzten die USA 1963 mehr als 125 000 Tonnen Harnstoff im Rinderfutter ein, denn Harnstoff bot sich als kostengünstiger Eiweißlieferant an. Bereits 1955 – also noch vor der Entscheidung über den Bau der ersten Harnstoffanlage – begannen die Forscher in Wesseling, Einsatzchancen von Harnstoff als Eiweißfutter für Wiederkäuer zu testen. Denn Harnstoff liefert Kühen den Stickstoff, den sie im zweiten Magen zum biochemischen Aufbau von Eiweiß benötigen.

Deshalb finanzierte die UK zunächst Fütterungsversuche mit jeweils 50 Mastbullen und Milchkühen an den Instituten von Professor Brüggemann in München und Professor Orth in Kiel. Ein Drittel des natürlichen Eiweißes im Wiederkäuerfutter – so die Ergebnisse – konnte ohne Nachteile für die Tiere durch Harnstoff ersetzt werden.

Die Zustimmung aus Bonn traf am 12. September 1961 ein. Unter dem geschützten Markennamen »Ukrea« durften nach Genehmigung des Landwirtschaftsministeriums 2 Prozent Harnstoff aus Wesseling als Futterkomponente für Wiederkäuer eingesetzt werden, ab Oktober 1964 dann 3 Prozent, ab Ende 1968 schließlich 5 Prozent. Als einziger deutscher Hersteller konnte die UK Futterharnstoff in Silowagen liefern, was sich als gewichtiger Vorsprung gegenüber der BASF auswirkte.

Einer langfristig ertragreichen Herstellung stellte sich jedoch ein Haupthindernis in den Weg: die Konkurrenz ausländischer Eiweißfuttermittel, vor allem des amerikanischen Sojaschrots. Zuletzt fielen die Kosten der gesamten Harnstofferzeugung wegen der energiezehrenden Hochdrucktechnik bei der Ammoniakpro-

Von Wesseling in die Welt: Ukrea-Säcke für den Versand in drei Kontinente

duktion zu hoch aus. Vor allem aber lag ein Großteil des Absatzgebietes für Düngeharnstoff in der dritten Welt. Es erwies sich als wenig sinnvoll, Erdöl zunächst von dort zu holen, um den Düngeharnstoff anschließend ebenso transportaufwendig wieder dorthin zu schaffen. So verließ am 20. Dezember 1979 der letzte UK-Harnstoff das Förderband.

Rarität auf Schienen: Lange Jahre dienten feuerlose Lokomotiven für den Rangierbetrieb

In 19 Jahren hatte Wesseling insgesamt 2,05 Millionen Tonnen Harnstoff produziert, davon 71 Prozent als Düngemittel, ein Viertel als technischen Harnstoff und 4 Prozent als Futtermittel Ukrea. Wäre die gesamte Produktion in Säcken ausgeliefert worden, hätten davon fast 41 Millionen abgefüllt werden müssen. Hintereinandergereiht ergäben diese Säcke eine Distanz von 32 000 Kilometern – drei Viertel des Erdumfangs. So sehr solche Rechnungen zu beeindrucken vermögen, man glaubt hinter ihnen die Wehmut enttäuschter Anlagentechniker zu spüren, denen der Markt Bewährungschancen nimmt.

Not macht erfinderisch

Mit dem neben Ammoniak und Harnstoff zweiten Fertigungsstrang der frühen Nachkriegsproduktion, dem Erzeugen von Methanol, schafft die Union Kraftstoff sogar einen europäischen Produktionsrekord. Dabei wäre der Start ungeachtet der frühen Herstellungserlaubnis vom 9. Oktober 1946 fast an technischen Problemen von vornherein gescheitert.

Methanol dient beispielsweise als Lösungsmittel, Ausgangsstoff für Polyesterfasern und nach Umwandlung in Formaldehyd zur Produktion von Holzleim. Weder in der britischen noch in der amerikanischen Zone gibt es nach Kriegsende Methanolbetriebe. Aus Leuna lassen die Russen keine Produkte heraus, aus der französischen Zone von Ludwigshafen her erlauben die Franzosen keine Ausfuhren. In dieser Situation kalkulieren die Verantwortlichen in Wesseling allein den Monatsbedarf der britischen Zone auf 2000 bis 3000 Tonnen. »Nach den Potsdamer Bestimmungen sollte Deutschland die Herstellung von Hochdrucksyntheseprodukten nicht mehr gestattet werden«, erläutert Ingenieur Peukert in einem Aufsatz über die UK-Methanolfabrikation, »allerdings war Methanol nicht unter den verbotenen Produkten aufgeführt.«

Der Herstellung steht jedoch ein entscheidendes technisches Hindernis im Weg. Die Hochdruckapparate in Wesseling bestehen aus Stahl. Bei der Methanolerzeugung jedoch wird Stahl in bestimmten Temperaturbereichen vom Kohlenoxid angegriffen und zerfressen. Deshalb haben die für die Methanolgewinnung anderswo eingesetzten Hochdruckapparaturen Innenauskleidungen aus Kupfer oder chromlegierten Stählen. In der Mangelsituation der Nachkriegsjahre erweist es sich für die UK jedoch als unmöglich, ausreichende Mengen Kupfer zu vertretbaren Kosten zu beschaffen.

Also aufgeben, bevor noch der Anfang gemacht ist? Ernst Peukert und Friedrich Hilberath sinnen auf Abhilfe – mit Erfolg. Not macht offenbar erfinderisch, wie die zurückliegenden Jahre, in denen man ja mit der Improvisation leben mußte, gezeigt haben. Weil sich das Stahlmaterial in den Hochdruckkammern nicht verändern läßt, ändern die beiden Ingenieure statt dessen das Verfahrensschema. Das aggressive Kohlenoxid führen sie dazu getrennt von der

Hauptmenge des Gases um die kritische Aufheizstrecke herum direkt in den heißen Reaktor und vermeiden auf diese Weise die gefürchteten Zerstörungen an den Stahlwänden.

»Auf den einfachsten Nenner gebracht«, charakterisiert Peukert diese für den Laien trotzdem schwerverständliche Lösung, »basiert das Verfahren auf der großen, sehr viel stärker als bei der Methanolreaktion hervortretenden Kohlenoxid-Partialdruck- und Temperaturabhängigkeit der Eisenpentacarbonyl-Reaktion, die es ermöglicht, Bedingungen zu finden, bei denen die Carbonylbildung in ausreichendem Maße zurückgedrängt ist, während gleichzeitig eine technisch noch befriedigende Menge Methanol erzeugt wird.«

In fast auswegloser Situation hat die Not das erste Patent der Union Kraftstoff geboren. Doch wie läßt sich diese Erfindung von Peukert und Hilberath sichern, nachdem die Alliierten das Deutsche Patentamt am 8. Mai 1945 geschlossen haben? Die beiden Erfinder bringen deshalb ihre Idee sozusagen in der Nachbarschaft in Sicherheit und melden ihr »Verfahren zur Herstellung von Alkoholen, insbesondere Methanol« zunächst am 19. September 1947 in Frankreich an.

Nach der Eröffnung des Deutschen Patentamts in München kann die Erfindung am 5. November 1951 als Patent Nr. 819 854 auch für den heimischen Raum in Anspruch genommen werden.

Daß ohne diese Verfahrensänderung die vorhandenen Hochdruckreaktoren unbrauchbar gewesen wären, belegen Ernst Peukert und Friedrich Hilberath in der Patentschrift mit Versuchsergebnissen: »Das in einer Menge von 2000 Liter stündlich erzeugte Methanol hatte Eisengehalte bis zu 60 Milligramm pro Liter. Die aus der Apparatur im Methanol herausgetragene Eisenmenge betrug mithin bis zu 120 Gramm pro Stunde oder 2,6 Kilogramm täglich.«

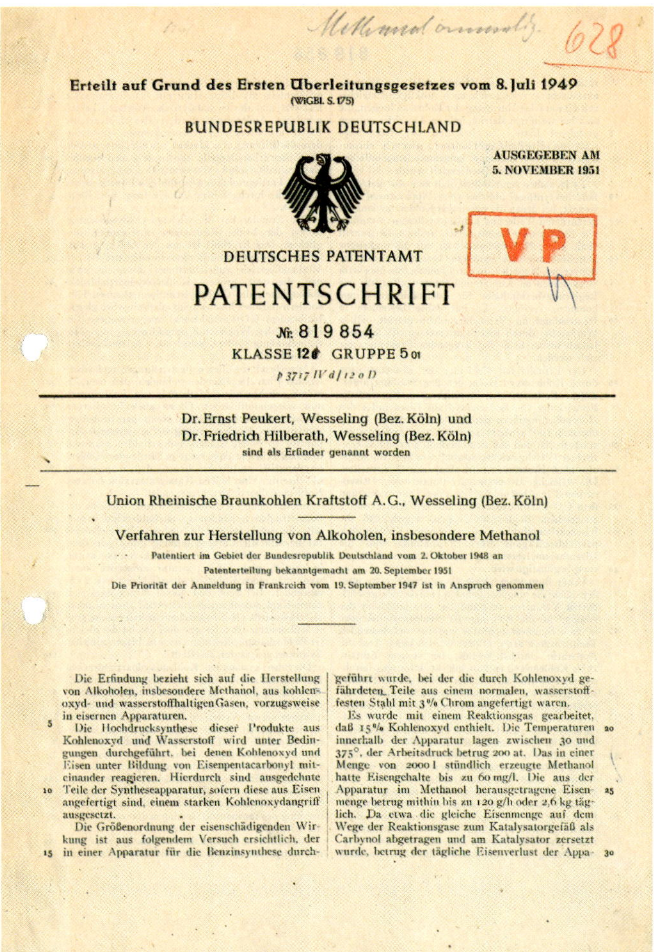
Erteilt auf Grund des Ersten Überleitungsgesetzes vom 8. Juli 1949
(WiGBl. S. 175)

BUNDESREPUBLIK DEUTSCHLAND

AUSGEGEBEN AM
5. NOVEMBER 1951

VP

DEUTSCHES PATENTAMT

PATENTSCHRIFT

Nr. 819 854

KLASSE 12o GRUPPE 5 01

p 3717 IVd/12o D

Dr. Ernst Peukert, Wesseling (Bez. Köln) und
Dr. Friedrich Hilberath, Wesseling (Bez. Köln)
sind als Erfinder genannt worden

Union Rheinische Braunkohlen Kraftstoff A.G., Wesseling (Bez. Köln)

Verfahren zur Herstellung von Alkoholen, insbesondere Methanol

Patentiert im Gebiet der Bundesrepublik Deutschland vom 2. Oktober 1948 an
Patenterteilung bekanntgemacht am 20. September 1951
Die Priorität der Anmeldung in Frankreich vom 19. September 1947 ist in Anspruch genommen

Die Erfindung bezieht sich auf die Herstellung von Alkoholen, insbesondere Methanol, aus kohlenoxyd- und wasserstoffhaltigen Gasen, vorzugsweise in eisernen Apparaturen.

Die Hochdrucksynthese dieser Produkte aus Kohlenoxyd und Wasserstoff wird unter Bedingungen durchgeführt, bei denen Kohlenoxyd und Eisen unter Bildung von Eisenpentacarbonyl miteinander reagieren. Hierdurch sind ausgedehnte Teile der Syntheseapparatur, sofern diese aus Eisen angefertigt sind, einem starken Kohlenoxydangriff ausgesetzt.

Die Größenordnung der eisenschädigenden Wirkung ist aus folgendem Versuch ersichtlich, der in einer Apparatur für die Benzinsynthese durchgeführt wurde, bei der die durch Kohlenoxyd gefährdeten Teile aus einem normalen, wasserstofffesten Stahl mit 3% Chrom angefertigt waren.

Es wurde mit einem Reaktionsgas gearbeitet, daß 15% Kohlenoxyd enthielt. Die Temperaturen innerhalb der Apparatur lagen zwischen 30 und 375°, der Arbeitsdruck betrug 200 at. Das in einer Menge von 2000 l stündlich erzeugte Methanol hatte Eisengehalte bis zu 60 mg/l. Die aus der Apparatur im Methanol herausgetragene Eisenmenge betrug mithin bis zu 120 g/h oder 2,6 kg täglich. Da etwa die gleiche Eisenmenge auf dem Wege der Reaktionsgase zum Katalysatorgefäß als Carbynol abgetragen und am Katalysator zersetzt wurde, betrug der tägliche Eisenverlust der Appa-

Das erste Patent der UK: Die Erfindung von Peukert und Hilberath ermöglichte den Start der Nachkriegsproduktion

»In vier Wochen seid ihr kaputt«

Als Ernst Peukert 1947 im Essener Haus der Technik seine Lösung vorstellt, halten ihm die Fachleute unverblümt entgegen: »In vier Wochen seid ihr kaputt.« Die Experten verrechnen sich. Die UK arbeitet bis 1981 nach diesem Verfahren mit einer zeitweiligen Kapazität von 600 000 Tonnen Methanol im Jahr. Außerdem nutzen Anlagen zum Beispiel in der Tschechoslowakei oder Rumänien das UK-Patent.

Ernst Peukert stellt die Unterschiede heraus: Zum einen ist eine Schwefelreinigung überflüssig, »weil das aus der schwefelarmen rheinischen Kohle hergestellte Gas sehr wenig Schwefel enthält«. Zum andern vereinfacht sich die Gasherstellung: »In den Wesselinger Pintsch-Hillebrand-Generatoren können von vornherein Gase von der für die Synthese notwendigen Zusammensetzung erzeugt werden.« Schließlich unterscheiden sich die Hochdruckkammern in Material und Ausmaßen: »In Wesseling wird die Benzinkammereinrichtung ohne Zuhilfenahme von Kupfer angewandt, während die Leunaer Apparatur völlig ausgekupfert ist. Der Katalysatorraum der Wesselinger Apparatur ist mit acht Kubikmetern viermal so groß wie der der Leunaer Apparatur.«

Die Produktion steigt – die Erlöse sinken

Im März 1947 nimmt Wesseling die Methanolerzeugung auf. Bereits am 23. April trifft die Erlaubnis ein, die monatliche Kapazität auf 3000 Tonnen zu verdoppeln. Peukert notiert stolz: »Die Wesselinger Methanolanlage darf als der apparativ einfachste und störungssicherste und wohl auch wirtschaftlichste derzeitige deutsche Methanolbetrieb bezeichnet werden.«

Bereits das erste Produktionsjahr schließt mit 13 850 Tonnen ab. Im folgenden Jahr verdoppelt sich die Herstellungsmenge und wächst 1951 auf 72 900 Tonnen an. Zu den Groß-

Rohstoff auch aus Wesseling: Auf der Frühjahrsmesse 1956 in Frankfurt präsentiert Hoechst erstmals die neue Synthesefaser Trevira

abnehmern zählen neben Bayer und Hoechst auch die Degussa. Im zehnten Produktionsjahr liefert die UK 110598 Tonnen ab, eine Steigerung gegenüber dem Vorjahr um 27,5 Prozent. Neben dem zunehmenden Bedarf sind zwei wichtige Gründe dafür: Hoechst bringt die Kunstfaser »Trevira« auf den Markt. Außerdem setzen Düsenflugzeuge neuerdings beim Start Methanol zum Kühlen der Motoren ein.

Ein Viertel der Produktion aus Wesseling geht inzwischen ins Ausland, vorwiegend nach Skandinavien und Belgien. Der Marktanteil in der Bundesrepublik liegt bei stolzen 51 Prozent, stärkster Verfolger ist die BASF. Für 1959 heißt es zufrieden im Geschäftsbericht: »Die Methanol-Erzeugung mußte um mehr als 20 Prozent erhöht werden, um dem Bedarf unserer Abnehmer gerecht zu werden.«

Die Methanolverknappung auf dem Weltmarkt stellt die UK – so die Einschätzung des Vorstands – Ende 1959 vor eine »grundsätzliche Entscheidung«. Die Hauptkunden wie Hoechst, Degussa, Bayer oder Röhm haben sich auf eine Versorgung durch Wesseling eingestellt. »Diese Abnehmer«, so trägt der Vorstand im Kontrollgremium vor, »verlangen von uns noch vor Jahresende eine eindeutige Erklärung über die Versorgung in den nächsten Jahren.« Wenn die UK ihre Kapazitäten nicht ausbaut, soviel scheint absehbar, werden wichtige Abnehmer selbst Anlagen bauen. Also lautet die Entscheidung: weiter wachsen.

Die Erlöse machen allerdings die erfreuliche Aufwärtsbewegung nicht mit. »Wir haben Preisermäßigungen bis zu 20 Prozent in den letzten zwei Jahren zugestehen müssen«, erläutert Vorstandsmitglied Kurt Wissel in seiner Silvesteransprache 1962, »so daß wir heute etwa 70 Prozent für Methanol erlösen gegenüber dem Stand des Jahres 1955.« Da ein Großteil der Kosten auf das Synthesegas und die elektrische Energie entfällt, bietet sich auch für eine effektivere Methanolproduktion das Umstellen von Braunkohle auf kostengünstigeres Öl an. Die sechziger Jahre bringen eine rasante Steigerung der Methanolfabrikation von 185000 auf 510000 Tonnen. Wesseling wächst zur größten Methanolfabrik Europas. Doch damit scheint der Höhepunkt überschritten. Bereits 1971 hinterläßt die Methanolsparte keinen nennenswerten Gewinn mehr. Wachsende Naphthakosten verteuern die Herstellung, die DM-Aufwertung setzt Wesseling unter stärkeren Importdruck, so daß der Methanolpreis um 10 Prozent gesenkt werden muß.

Ein Jahr später macht Kurt Wissel die Belegschaft mit der Entwicklung vertraut: »Das Methanolergebnis ist in diesem Jahr erstmalig nach langen Jahren negativ.« Inzwischen wirken sich die amerikanischen Überkapazitäten voll auf den freien deutschen Markt aus.

Weltgrößter Methanol-Röhrenreaktor bei UK

Intensiv bemühen sich die Verantwortlichen der Union, dem Wettbewerb standzuhalten. Bereits im Dezember 1969 diskutiert der Aufsichtsrat Möglichkeiten, unter Einsatz eines neuen Herstellungsverfahrens die Produktionskosten nachhaltig zu senken. Hilberath erläutert das Lurgi-Niederdruckverfahren und errechnet einen »beträchtlichen Vorteil« bei den Energiekosten gegenüber dem traditionellen Hochdruckprozeß. Die neuartigen Niederdruckverfahren verursachen wesentlich niedrigere Kompressionskosten. Nicht weniger wichtig als die Energieeinsparung erscheint der Preis für den Rohstoff. Mächtige Konkurrenten, etwa in den USA, setzen kostengünstiges Erdgas ein. Kann die UK auf Dauer mithalten? Überkapazitäten und Preisverfall sprechen dagegen. Doch das Methanol besitzt im Verbund der UK-Produktion eine wichtige Funktion. Die zwangsläufig in der Raffinerie anfallenden schweren Rückstände lassen sich zu Synthesegas und anschließend zu Methanol weiterverarbeiten. Außerdem müht sich Wesseling intensiv um neue Einsatzfelder für Methanol. Über die bereits im März 1972 einsetzende Forschung mit Methanol als Vergaserkraftstoff berichtet das fünfte Kapitel ausführlich.

Deshalb fällt im Sommer 1979 die Entscheidung zum Bau einer neuen Methanolsynthese nach dem energiesparenden Lurgi-Niederdruckverfahren, dessen Vorteile zuvor eine Pilotanlage in Wesseling demonstriert hat. Zum Wahrzeichen der Anlage wird der bislang weltgrößte Methanolröhrenreaktor mit einer Kapazität von täglich 1100 Tonnen Rohmethanol. Damit kann die Hochdruck-Methanolsynthese im Oktober 1981 außer Betrieb gehen. In 34 Jahren erzeugte sie 9 640 000 Tonnen Methanol. Und wieder helfen akribische Techniker der Vorstellungskraft ein wenig nach: In Schiffe mit je 1200 Tonnen Ladegewicht gefüllt und diese 8000 Kähne aneinandergereiht, ergäbe sich ein Korso von Rheinschiffen von Köln bis Basel.

Vor dem Ziel: Der 315 Tonnen schwere Röhrenreaktor erreicht das Werkstor

Auch in Zukunft bleibt Methanol einer der wichtigsten Chemierohstoffe, es liegt derzeit mengenmäßig hinter Ammoniak und Ethylen an dritter Stelle in der Weltproduktion.

Die UK sprüht vor Ideen

Darf das Peukert-Hilberath-Verfahren auch bis heute als die bedeutendste Erfindung der Union Kraftstoff gelten, so hat die werkseigene Forschung seither doch fast 400 weitere Patente hervorgebracht. Zu diesen Fortschritten aus Wesseling zählen zum Beispiel der Rummel-Kohlevergaser, die Herstellung des Lösungsmittels Dimethylsulfoxid (DMSO), das UK-Kresolverfahren, der Transport von Wärme aus Hochtemperatur-Kernreaktoren auf kaltem Wege über große Entfernungen oder das Gewinnen von Ruß aus Rückständen der Ölvergasungsanlagen.

Am Standort: Das Kernstück der Methanolanlage ist installiert

Patenterfolge bedeuten auch Lizenzeinnahmen. So etwa hat die Union Kraftstoff mit der Firma Lummus-Crest ein Abkommen getroffen, das in Wesseling erstmals großtechnisch angewandte UK-Know-how zum Hydrieren von Vakuumdestillaten und Herstellen von Ethylen international zu vermarkten.

Nischen im Markt zu suchen, diese Perspektive läßt Wesseling auch ein Produkt mit ins Programm nehmen, dessen Rohstoff bis 1981 als Nebenprodukt der Hochdruck-Methanolanlage anfiel: Dimethylether als Treibmittel für Spraydosen. Ein Druck auf die Düse läßt Kratzer am Autolack verschwinden, die Schuhe in neuem Glanz erstrahlen. Als einziger westeuropäischer Hersteller versorgt die UK das holländische Unternehmen Aerofako mit dem Treibstoff. Seit 1981 geht eine separate Dimethylether-Anlage von Rohmethanol als Grundstoff aus. Im Vergleich zu anderen Treibmitteln zeichnet sich Dimethylether vor allem durch seine Umweltfreundlichkeit und geringe Brennbarkeit aus.

Zukunftweisend erscheint auch der Weg der Union, Methanol in höherwertige Chemieprodukte zu überführen, um statt Masse künftig Klasse herzustellen – mit besseren Erlösaussichten. Eine Verfahrensrichtung dahin heißt Homologisierung und meint das Erzeugen von Ethanol oder Acetaldehyd über Methanol und Synthesegas aus den Rohstoffen Kohle, Öl oder Erdgas. Ethanol und Acetaldehyd erlangen als Zwischenprodukte für die Fabrikation von Klebstoffen, Weichmachern, Lösungsmitteln und Kunststoffen wachsende Bedeutung. Bislang werden beide Vorprodukte weitgehend auf Erdölbasis aus Ethylen gewonnen.

Die Homologisierung jedoch verspricht Ethanol und Acetaldehyd aus dem preiswerteren Rohstoff Methanol. Seit 1975 experimentiert die UK deshalb mit der Homologisierung, seit 1980 beteiligt sich der Bundesforschungsminister zur Hälfte an den Forschungskosten. Die Untersuchungen erfolgen in enger Zusammenarbeit mit Spezialisten der Technischen Hochschule Aachen. Die wichtigste Aufgabe lautet: Es muß ein Katalysator gefunden werden, der zu hohen Umsätzen bei geringen Nebenprodukten führt. In Frage kommen dazu im Methanol lösliche Metallverbindungen wie Kobalt, Eisen, Nickel, Rhodium oder Ruthenium.

Die Forschungsergebnisse in Wesseling übertreffen inzwischen anderswo erzielte Ergebnisse und haben bereits zu fünf Patentanmeldungen geführt. Eine kontinuierliche Versuchsanlage produzierte zwischen Juni 1982 und Ende 1984 jeweils 16 Kilogramm Ethanol pro Tag oder 15 Kilogramm Acetaldehyd. Das erfolgreich beendete Forschungsprojekt hat das Verfahren als noch nicht wirtschaftlich ausgewiesen. Für den Fall wieder ansteigender Rohölpreise jedoch ist die Union Kraftstoff gerüstet, als ehemals größter europäischer Methanolhersteller auch beim Veredeln von Methanol zu gefragten Chemiezwischenprodukten wieder die Nase vorn zu haben.

Die Raffinerie

Vom Lohnverarbeiter zum Mineralölunternehmer

Warum entstand die Union Kraftstoff am Rhein und nicht direkt neben den Braunkohlegruben? Sicher, der Wasserweg bot sich für einen günstigen Transport der hydrierten Treibstoffe an. Doch der Aufwand zum Heranschaffen der um ein Vielfaches größeren Menge Braunkohle als Hydrierrohstoff, Gasausgangsstoff und Kraftwerksheizmaterial von der rund 20 Kilometer entfernten Roddergrube mit der Köln-Bonner Eisenbahn verursachte erheblich höhere Kosten, als sich beim bequemen Abtransport der Fertigprodukte auf dem Rhein einsparen ließen. Also müssen gewichtige andere Gründe für den Standort an Deutschlands größtem Strom gesprochen haben.

Gründungsvorstand Carl Müller von Blumencron erinnerte sich beim 25jährigen Jubiläum: »Wir dachten damals schon daran, daß wir später Öl verarbeiten würden, weil die Lebensdauer der südlichen Gruben auf nicht viel länger als noch 25 Jahre geschätzt wurde.« Diese Kalkulation ist verständlich aus der damaligen Kenntnis der oberflächennahen Kohlevorräte und der noch nicht entwikkelten Tieftagebautechnik, die heute eine Gewinnung des Teils der Gesamtlagerstätte erlaubt. Der erste UK-Aufsichtsratsvorsitzende, Gustav Brecht, bestätigte diese weitblickende Standortentscheidung: »Ein altes Fernziel tauchte wieder auf: so zu bauen, daß wir später in normalen Zeiten ohne Autarkie-Zwang mit einiger Aussicht auf Rentabilität weiter hydrieren konnten – dann aber nicht mehr unsere Braunkohle, sondern möglichst billige, auf dem Wasserweg zu beziehende Rohöle; deswegen setzten wir unser Werk auch nicht auf die Gruben, sondern an den Rhein.«

Im Vorfeld der Entstehung der UK hatte Brecht also den staatlichen Stellen ein Schnippchen geschlagen. Durch ihre letztlich freiwillige Gründung des Hydrierwerks konnten die Anteilseigner den mit Blick auf die Zukunft günstigsten Standort bestimmen. Die zwischenzeitlich höheren Transportkosten für die Braunkohle mußte ohnehin das Dritte Reich im Garantievertrag übernehmen. Doch nicht nur örtlich, auch technisch bauten die Gründer für die spätere Ölzeit vor. »Wir entschlossen uns damals auch«, erläuterte Blumencron, »die Kohleverarbeitung bei 700 Atmosphären vorzunehmen; dieser hohe Druck war für die Kohle nicht unbedingt nötig, wohl aber für die Ölhydrierung.« Es war also bereits von vornherein Flexibilität für Kohle- und Ölverarbeitungsmöglichkeiten angestrebt, die aus heutiger Sicht für die Zukunft der Union Kraftstoff wiederum von Bedeutung sein kann.

Abfahrt UK: Das Werk liegt an Europas ältester Autobahn

Hydrierwerke – eine verbotene Industrie

Die bedingungslose Kapitulation Anfang Mai 1945 brachte Deutschland mit der alliierten Militärherrschaft auch die Kontrolle der Mineralölindustrie. Im letzten Friedensjahr 1938 hatte das Deutsche Reich noch über 2,4 Millionen Tonnen Raffineriekapazität verfügt. Da diese Werke bei Kriegsende zerstört dalagen, boten sich weniger beschädigte Hydrierwerke wie Wesseling als Alternative zur Ölverarbeitung an. Doch die Potsdamer Konferenz vom Sommer 1945 hatte die Erzeugung von Treibstoffen aus deutscher Kohle zur »verbotenen Industrie« erklärt und damit die Demontage angedroht. Das Washingtoner Abkommen vom 13. April 1949 machte vier Jahre später diese Drohung wahr. Die drei Außenminister

Wasserstraße Rhein: Wesseling diente traditionell als Hafenplatz, wie diese Ansicht von 1901 belegt

der Westmächte verfügten den Abriß und Abtransport der westdeutschen Hydrierfabriken. Bei Gelsenberg begann der Abbau am 16. August, am 23. August folgte Scholven. Erst das Petersberger Abkommen vom November 1949 stoppte die Demontage.

Nur ein Hydrierwerk stand nicht auf der schwarzen Washingtoner Liste: die Union Kraftstoff. Denn ihr war zu diesem Zeitpunkt bereits die bei der Gründung als Fernziel anvisierte Umstellung von Kohle zu Öl als Einsatzstoff der Hydrieranlagen gelungen. Diese intensiven Bestrebungen reichten bereits in die unmittelbare Nachkriegszeit zurück und wurden ungeachtet der neu aufgenommenen Ammoniak- und Methanolproduktion weiterverfolgt. Beide Fertigungslinien lasteten nämlich nur 40 Prozent des Werkes aus. Der Geschäftsbericht von 1947 vermerkte darüber: »Im Berichtsjahr begannen unsere Überlegungen mit Hamburger Gesellschaften der Erdölindustrie, um die noch freie Kapazität unseres Werkes für die Treibstofferzeugung nutzbar zu machen.«

Die UK weckte nicht allein als ehemaliges Hydrierwerk das Interesse der internationalen Ölgesellschaften. Sie besaß außerdem eine Destillationsanlage für Rohöle mit einer Kapazität von 100 Tonnen pro Stunde. Während des Krieges war sie für die Verarbeitung von kaukasischem Rohöl gebaut worden und hatte – nie benutzt – die Bombenangriffe unbeschädigt überstanden.

Am 28. Januar 1948 führte Blumencron zwei wichtige Gespräche in Hamburg: morgens bei der Deutsch-Amerikanischen Petroleum-Gesellschaft (DPAG), der heutigen Esso AG, und nachmittags bei Shell. Stärker als in der Vergangenheit wollte die DPAG in Deutschland neben Treibstoffhandel auch Kraftstoffproduktion betreiben. »Im Laufe der Besprechung ergab sich«, zeichnete Blumencron auf, »daß der Engpaß nicht in unserer Verarbeitungskapazität liegt, sondern in der Schiffahrt.« Die DPAG ging von 300 000 Tonnen, vorwiegend nahöstlichem Rohöl aus, für die auf dem Rhein keine ausreichende Tankerflotte bereitlag.

Das zweite Gespräch an diesem Tag mit der Shell endete demgegenüber mit optimistischeren Perspektiven. Shell-Vorstand Dr. Erich Boeder erläuterte Blumencron seine Absicht, »zwei Jahre je 300 000 Tonnen Venezuelaöl in Deutschland einzuführen und dort destillieren zu lassen«. Anders als die DPAG hatte die Shell bereits einen Reeder unter Vertrag, so daß der Transport keine Probleme aufwarf. »Die Shell möchte dieses Öl in Wesseling destillieren«, hielt Blumencron seinen Hamburger Gesprächseindruck fest.

Faustschläge für Glühbirnendiebstahl

Doch auch vor der Zusammenarbeit mit Shell galt es, noch eine Hürde zu nehmen. »Das Haupthindernis für diesen Plan«, ärgerte sich der Chef I, »ist offenbar die belgische Einheit, die bei uns die Tanks belegt hat.« Und mit den belgischen Soldaten war schlecht Kirschen essen, wie erst ein – nüchtern besehen – Bagatellfall zwei Tage nach Blumencrons Rückkehr aus Hamburg bewies. Ein Unbekannter versuchte im belgischen Sperrgebiet auf dem Werksgelände eine Glühbirne zu stehlen. Werkmeister Zahn verfolgte ihn – und erntete

Gleiche Technik: Die schon im Hydrierwerk erforderliche Destillationsanlage wurde zum Herzstück der Ölraffinerie

Starthilfe aus Amerika: Washington unterstützte Nachkriegsdeutschland beim Wiederaufbau

Ölbahnhof Wesseling: Ein großer Teil der Destillationsprodukte verläßt das Werk auf dem Schienenweg

dafür den Undank der belgischen Kripobeamten. Der Werksarzt diagnostizierte bei ihm später Verletzungen durch Faustschläge ins Gesicht und auf den Kopf.

Als sich die Herren Walker und Crowl von der britischen Militärregierung am 11. Mai 1948 vor Ort die Chancen einer Rohöldestillation und Hydrierung von Erdölrückständen erläutern ließen, machte sie UK-Produktionschef Ferdinand Engelhard eindringlich »auf die Schwierigkeiten aufmerksam, die durch die Beschlagnahme der Tankläger und der Schiffsverladung durch die belgische Einheit verursacht werden«. Mister Walker sagte Abhilfe zu – und hielt Wort.

Der Marshallplan und der einsetzende Ost-West-Gegensatz auf der politischen Bühne begünstigten die unternehmerischen Initiativen zwischen Shell und der Union. Nach den Vorstellungen der Amerikaner sollten Deutschland und seine europäischen Nachbarn möglichst wenig Fertigprodukte einführen und statt dessen die nötigen Kraftstoffe aus Nahost-Öl erzeugen.

Mit dem Schreiben der Verwaltung für Wirtschaft der Vereinigten Wirtschaftsgebiete begann Ende Mai 1948 ein neuer Abschnitt für die Union Kraftstoff. »Bipartite Control Office Joint Secretariat in Frankfurt/Main hat mitgeteilt, daß der Oil Refining Plan genehmigt worden ist.« Oil Refining Plan bedeutete die Chance für UK, Rückstandsöl aus der Raffination für Shell aufzuarbeiten. Das Permit NRW 2/8 E 9/113 A 1 gestattete Wesseling das Hydrieren sogenannter Toprückstände aus der Destillation bis zu 180 000 Jahrestonnen, was je nach Beschaffenheit der zuvor verwendeten Rohöle einer jährlichen Destillationsmenge von 300 000 bis 400 000 Tonnen Rohöl entsprach.

Diese Zusammenarbeit zwischen Shell und UK basierte auf einer zweistufigen Rohölverarbeitung zu marktfähigen Treibstoffen. In der ersten Verarbeitungsstufe wurden aus dem Rohöl durch Destillation das Benzin und das Dieselöl von dem schweren, nicht verdampfbaren Anteil des Rohöls abgetrennt, dem Toprückstand. Diese Toprückstände galt es, nun in einer zweiten Verarbeitungsstufe in den Hydrierkammern der UK zu Benzin umzuwandeln. Den dazu erforderlichen Wasserstoff lieferten Braunkohlenbriketts in den Pintsch-Hillebrand-Generatoren. Im Vergleich zur Kohlehydrierung vereinfachte und verbilligte sich die Fahrweise durch den Wegfall spezieller Kohlebetriebe, größeren Durchsatz und geringeren Wasserstoffverbrauch.

Mehr hochwertige Produkte aus dem Ölfaß

Dieses Verfahren entsprach einem heutigen Postulat für den Einsatz von Rohöl: Es wandelte über 90 Prozent des eingesetzten Öls in hochwertige Fertigprodukte wie Benzin, Dieselöl oder Treibgas um. Da blieb also nichts übrig, was nach dem schmerzlichen Lernprozeß zweier Ölpreiskrisen »zum Verbrennen zu schade« gewesen wäre. Die hohe Ausbeute beim Hydrierverfahren versprach außerdem eine beachtliche Devisenersparnis – ein willkommenes Geburtstagsgeschenk für die am 23. Mai 1949 gegründete Bundesrepublik Deutschland.

Rohrreißer und eine Knallgasexplosion begleiteten die Wiederinbetriebnahme der Anlagen. Von der Materialprüfung der UK unter der Leitung von Dr. Karl Gering wurde Spannungsrißkorrosion als Ursache für die

Schäden erkannt. Sie ließen sich durch den Einsatz geeigneter Werkstoffe oder veränderte Prozeßführung vermeiden. Von den acht Hochdruckkammern dienten fortan zwei Sumpfphaseöfen mit 700 Atmosphären Druck dem Hydrieren von Erdölrückständen. In zwei Gasphasekammern mit 300 Atmosphären Druck wurde das in der ersten Stufe erzeugte Hydrieröl in Benzin und Dieselöl umgewandelt. Die nach heutigen Maßstäben niedrige Oktanzahl des Benzins von 70 reichte zunächst völlig aus.

Nachdem die technischen Vorbereitungen erfolgversprechend verlaufen waren, schlossen Shell und UK am 13. Oktober 1948 den Vertrag, der Wesseling den Weg ins Mineralölgeschäft bahnen sollte. Für die folgenden zehn Jahre übernahm Union Kraftstoff die Verarbeitung von Rohöl der Shell zu Kraftstoffen. Das erste Rohöl wurde am 5. März 1949 durchgesetzt.

Zusammen mit der UK hatte auch Gelsenberg die Genehmigung erhalten, 180 000 Tonnen Rückstände der Öldestillation im Hydrierwerk zu verarbeiten. Diese Erlaubnis bildete 1950 den Grundstock für einen 30-Jahres-Vertrag zwischen Gelsenberg und der Mobil Oil AG, in dem Mobil die Versorgung des Hydrierwerkes Horst mit Rohöl zusagte und Gelsenberg dafür sein Kraftstoff-Lieferrecht an die Aral mit Mobil teilte. Das Hydrierwerk Scholven schließlich übernahm im April 1951 die Lohnverarbeitung von Kraftstoffen für die Deutsche BP AG.

Als Wesseling und Horst nach Abschluß der wichtigsten Reparaturarbeiten im Frühjahr 1949 ihre Destillations- und Hydrieranlagen in Betrieb nahmen, verarbeiteten sie rund ein Fünftel des in der Bundesrepublik verarbeiteten Rohöls und lieferten fast die Hälfte der Benzinerzeugung und ein Viertel des Dieselkraftstoffs für die junge Bundesrepublik. Schon 1950 wurde die Produktionsgenehmigung für beide Werke erhöht, und zwar auf jeweils 70 000 Tonnen Rohöl Destillationskapazität im Monat und je 30 000 monatliche Tonnen Hydrierprodukte. Nachdem auch Scholven 1952 die Ölverarbeitung aufgenommen hatte, lieferten die drei Hydrierfabriken im gleichen Jahr 830 000 Tonnen Autobenzin und über 300 000 Tonnen Dieselkraftstoff ab. Die erforderlichen Katalysatoren für die Anlagen in Scholven und Horst lieferte die Union Kraftstoff. Sie wurden aus Restkoks aus der Braunkohlenvergasung hergestellt.

Eine goldrichtige Investitionsentscheidung

Mit dem 31. Mai 1951 endete die Arbeit des Zentralbüros für Mineralöl und damit die Rationierung und Bewirtschaftung von Treibstoffen. Das Ölgeschäft wandelte sich zum freien Markt. Der steigende Bedarf an Kraftstoffen als Folge der zunehmenden Motorisierung stellte die UK bald vor eine wegweisende Investitionsentscheidung. Während die Destillation wesentlich mehr Rohöl durchsetzen konnte, war die Kapazität der Hydrieranlage mit 260 000 Tonnen im Jahr erschöpft. Wie also konnten überschüssige Rückstände aus einer intensiver genutzten Destillation am effektivsten zu Kraftstoff weiterverarbeitet werden? Zu entscheiden war zwischen einer katalytischen oder thermischen Spaltung der Schwerölrückstände.

Das thermische Spalten, im Englischen Cracken, erzielt die Umwandlung der Toprückstände in gefragte leichte Produkte durch kurzes Überhitzen bei etwa 500 Grad Celsius unter Druck. Der Spaltvorgang im katalytischen Spaltofen, dem Catcracker, vollzieht sich dagegen – wie der Name verrät – in Gegenwart eines Katalysators, etwa synthetischem Aluminiumsilikat. Nach herrschender Meinung der europäischen Mineralölindustrie galt damals dem Catcracker die Zukunft, weil er besseres Benzin erzeugte, wenn auch zu höheren Investitionskosten.

Diese für die UK grundlegende Verfahrensentscheidung lag in den Händen von Dr. Kurt Wissel, der 1948 von der Shell in Monheim nach Wesseling in den Vorstand gekommen war. Einst einer der engsten Mitarbeiter von Matthias Pier bei der BASF in

Kein Feuermelder: Zapfsäule für Benzin aus den zwanziger Jahren

Shell-Kraftstoffe aus der UK-Raffinerie: Tankstelle Mitte der fünfziger Jahre

Bessere Ausbeute: Der Bau des thermischen Crackers erwies sich als lohnende Investitionsentscheidung

Ludwigshafen, hatte Wissel nach einem USA-Aufenthalt als Repräsentant der I. G. Farben für Hydriertechnik das Kohleverflüssigungswerk Pölitz miterrichtet. In Wesseling setzte er sich durch Gespräche mit vielen Mitarbeitern für eine weitere Verbesserung des Betriebsklimas ein. Beim engagierten Bemühen um eine durchgreifende Modernisierung des Werkes sah sich Wissel dann vor die wichtige Frage gestellt: thermischer oder katalytischer Cracker?

Kurt Wissel entschied gegen die Mehrheitsmeinung der Ölbranche – und dennoch goldrichtig für die Union. Dem erfahrenen Chemiker waren die Vorteile einer Kombination des thermischen Crackers mit der Hydrierung bewußt.

Beim thermischen Spalten blieb der aromatische Charakter des Crackrückstandes erhalten und ergab bei entsprechenden Hydrierkatalysatoren ein Benzin mit hohem Aromatengehalt und damit hoher Klopffestigkeit bis zu 90 Oktan. Wissels Votum für die thermische Spaltanlage von 420 000 Tonnen Rohölrückstand Durchsatzkapazität im Jahr erwies sich im folgenden als eine der ertragreichsten Investitionsentscheidungen in der UK-Historie.

Steuergutschrift für Hydrierprodukte

Das Jahr 1953 bekam mit der Inbetriebnahme des thermischen Crakkers einen besonderen technischen Akzent, während ihm die Änderung des Zollsystems zugleich einen wichtigen betriebswirtschaftlichen Akzent verlieh. Zum Schutz des kostspielig zu fördernden und mühsam zu verarbeitenden deutschen Rohöls belegte die Bundesrepublik importierte Kraftstoffe mit einem Zoll. Da auch die Rückstandshydrierung größere Produktionskosten verursachte als die konventionelle Raffination, differenzierte die Zollreform den bis dahin einheitlichen Steuersatz für Mineralöl.

Hydrierfabriken erhielten einen Steuervorteil als Ausgleich für höheren Herstellungsaufwand. Bei Benzin machte diese Hydrierpräferenz 121,50 Mark pro Tonne gegenüber dem Normalsatz von 325 Mark, bei Dieselöl 63 Mark gegenüber 227,50 Mark aus. Diese Sondersteuersätze bewahrten Wesseling, Gelsenberg und Scholven die Konkurrenzfähigkeit und brachten die Motorisierung rascher in Fahrt. Zwischen 1950 und 1957 nahm der Autobestand im Bundesgebiet von 950 000 auf 3,3 Millionen zu, die Zahl der Motorräder stieg von 930 000 auf 2,4 Millionen an. Welchen Stellenwert Anfang der fünfziger Jahre die Hydrierwerke in der deutschen Rohölverarbeitung einnahmen, veranschaulicht die Augenblickslage 1953. Unter den 23 Ölverarbeitungsanlagen stellten Wesseling und Gelsenberg die mit Abstand größten Werke.

In der Suezkrise drei Jahre später erwies sich die Zollpolitik zugunsten des deutschen Öls und der heimischen Hydrierfabrikation als hervorragende Vorsorgemaßnahme. »Wir haben aus heimischer Produktion in diesem Jahr noch ein Drittel an Benzin decken können«, resümierte Vorstandsmitglied Wissel zufrieden in seiner Silvesteransprache. Als einziges europäisches Land konnte die Bundesrepublik von einer Rationierung der Kraftstoffe absehen.

Goldgräberstimmung in Oelheim

Die deutschen Raffinerien und Hydrierwerke setzten 1953 insgesamt 6,9 Millionen Tonnen Rohöl durch, ein Drittel davon aus heimischen Quellen. Kannte der erste Brockhaus von 1837 das Wort »Benzin« überhaupt nicht, änderte sich dies schlagartig, als Adolf M. Mohr am 21. Juli 1881 in Oelheim unweit vom norddeutschen Peine mit seiner dritten Bohrung in 66 Meter Tiefe auf Öl gestoßen war. »Zahlreiche Türme, aus dünnen Eisenstangen gefügt, ragen hoch empor«, beschrieb der Korrespondent der »Hildesheimer Allgemeinen Zeitung« die fremdartige Silhouette, »daneben stehen pyramidenförmige Holzbauten, Maschinenschlote senden ihre schwarzen Rauchwolken zum Himmel.«

Oelheim erlebte nur eine kurze Blüte. Die 5989 geförderten Tonnen im Jahr 1882 blieben ein einsamer Höhepunkt. Der Börsenkrach vergraulte die Anleger, Salzwasser ließ die Weideflächen veröden und verärgerte die Bauern. Erst 1939 wurde im Zuge des Hitlerschen Vierjahresplanes die Fördermenge von 1882 im Feld Oelheim wieder überschritten. Heute steuern deutsche Quellen jährlich rund 4 Millionen Tonnen zur Rohölverarbeitung bei.

Um die überwiegend dickflüssigen heimischen Öle zu verarbeiten, eigneten sich in besonderer Weise die Hydrierfabriken. So setzte Wesseling kontinuierlich Emsland-Öl ein neben importierten Rohölen, zunächst aus Kuwait. Nach Inbetriebsetzung der thermischen Spaltanlage stieg der UK-Marktanteil an der deutschen Kraftstoffversorgung auf 13 Prozent bei Benzin und 9 Prozent bei Diesel. Die Kombination von Hydrier- und Spaltanlage erwies sich bereits im folgenden Jahr als besonders flexibel, als sich Wesseling rasch auf die hohe Nachfrage nach Diesel einstellen konnte. Den wachsenden Verbraucheransprüchen an ruhiglaufende Motoren trug die Union 1955 mit dem Bau einer Platforming-Anlage Rechnung, in der Platinkontakt die Klopffestigkeit des Benzins erhöhte.

Kennzeichneten technische Verbesserungen die Anfangsjahre der UK-Zusammenarbeit mit Shell, standen anschließend betriebswirtschaftliche Besserstellungen der Union im Vordergrund. Während des Krieges hatte die UK für einen garantierten Absatz produziert. Die Vertragsvereinbarung mit Shell sah Wesseling zunächst als reinen Lohnverarbeiter, der seinen Herstellungsaufwand honoriert erhielt, ohne an der Rohölbeschaffung oder Kraftstoffvermarktung beteiligt zu sein.

Diese Regelung erwies sich als geeignete Starthilfe ins Mineralölgeschäft, bot der UK jedoch schon bald zu geringen unternehmerischen Spielraum. Vor allem die für 1956 vorgesehene Zollfreiheit für Heizöle im Bundesgebiet ließ einen starken Zuwachs leichten und schweren Heizöls als Brennstoffkonkurrenz zur Kohle erwarten. Auf eine entsprechende Anfrage des Bundeswirtschaftsministers sahen die UK-Verantwortlichen sehr wohl Chancen, künftig vermehrt Heizöl zu produzieren.

Zunächst allerdings benötigte der Wesselinger Vorstand eine größere Flexibilität in der Rohölverarbeitung, um besser auf Marktentwicklungen reagieren zu können. Deshalb galt vom 1. Oktober 1955 eine Regelung mit Shell, die der Union Kraftstoff

Parallelbedienung: An der neuen Verladebrücke können mehr als ein Dutzend Straßentankwagen emissionsfrei beladen werden

Aus deutschen Landen: Vor einer Pferdekopfpumpe zur Rohölförderung in Norddeutschland erntet ein Bauer sein Getreide

Die Benzinveredlung in den sechziger Jahren: Der Platformer gewährleistete die nötige Oktanzahl

statt einer bloßen Kostenerstattung fortan eine Raffineriespanne einräumte. »Diese Marge«, erläuterte der Vorstand im Aufsichtsrat, »ist der Unterschied zwischen dem Wert der in der UK hergestellten verkaufsfähigen Produkte und dem Wert des von Shell eingekauften, uns zur Verarbeitung überlassenen Rohöls.« Nicht länger mußte die UK nach kurzfristig änderbaren Anweisungen der Shell handeln. Statt dessen fanden seither halbjährliche Besprechungen über das Verarbeitungsprogramm statt, die es – laut Vorstand – Wesseling gestatteten, »das Bestmögliche aus unseren Anlagen herauszuholen«.

Caltex – eine glücklose Partnerschaft

Den nächsten Schritt auf unternehmerisches Terrain wagte die UK am 1. Juli 1958. Der Verarbeitungsvertrag mit Shell wurde auf einen Rohölkauf- und Fertigproduktenverkaufsvertrag umgestellt. Fortan trat Wesseling am Markt auch als Kraftstoffanbieter auf. Zugleich bedeutete diese Kontraktänderung das Vorbereiten der UK auf eine Zeit ohne Shell-Kooperation. Noch konnte die Shell von ihren rund 5,3 Millionen Tonnen Mineralölumsatz erst 2,5 Millionen Tonnen in eigenen Raffinerien erzeugen.

Aber inzwischen entstand in Godorf bei Köln eine neue Raffinerie des britisch-holländischen Ölkonzerns, die am 15. Juli 1960 in Betrieb gehen sollte. Wesseling mußte also vorsorgen, um weiterhin seine Ölverarbeitungsanlagen voll auszulasten.

»Es fand sich glücklich«, zeigte sich der Vorstand im Aufsichtsrat optimistisch, »daß die California Texas Oil Company (Caltex) New York, die mit ihren Gruppengesellschaften die drittgrößte Ölgesellschaft der Welt ist, hier neu in den Markt geht und einen Vertrieb aufbaut.« So kam es 1957 zur Bildung der Vertriebsgesellschaft Caltex Tank-Kraft GmbH Hannover unter Beteiligung von Wesseling. Die Hoffnungen des Vorstandes waren groß: »Wir sehen die Entwicklung so, daß die von der Shell hier in Wesseling zur Verarbeitung kommenden Mengen zurückgehen werden und dafür die Caltex mit steigenden Mengen in Wesseling verarbeiten lassen wird.«

Auf Wunsch der Caltex weitete die UK sogar ihr Lieferprogramm auf Superbenzin aus. Laut Vertrag gingen ein Fünftel der Lieferungen als Superbenzin an die Caltex Tank-Kraft. Ansonsten belastete der Caltex-Vertrag die UK mit vollem unternehmerischem Risiko. Sie war am Endgeschäft an der Tankstelle mitbeteiligt und damit erstmals voll dem Auf und Ab des Marktes ausgeliefert. Doch es blieb beim Ab. Im ersten Vertragsjahr 1958 enttäuschten die Preis- und Mengenentwicklungen die Erwartungen in Wesseling. Die Caltex Tank-Kraft erreichte am deutschen Markt bescheidene 4,1 Prozent bei Benzin, 3,6 bei Dieselöl und 5,5 Prozent bei Heizöl.

Die Rolle der Shell, das zeichnete sich klar ab, konnte die Caltex nicht ausfüllen. 1959 etwa nahm Shell noch 300 000 Tonnen Vergaserkraftstoff in Wesseling ab, die Caltex Tank-Kraft dagegen ganze 26 000 Tonnen. Deshalb bereitete die UK dem überstürzten Einstieg ins Tankstellengeschäft ein rasches Ende und gab ihre Beteiligung Ende 1959 an die Caltex zurück. Trotzdem konnte die Union Kraftstoff in Wesseling zunächst noch bis einschließlich 1962 für Caltex Rohöl verarbeiten, da eine Caltex-eigene Raffinerie in Raunheim bei Frankfurt erst Ende 1963 in Betrieb ging.

Die UK am Scheideweg

Damit ergab sich für das Jahr 1964 eine kritische Situation in Wesseling: Der Shell-Vertrag sollte auslaufen, ein Ersatzvertrag mit Caltex bestand bereits nicht mehr, und aus Bonn erwarteten die UK obendrein politische Erschwernisse. Die Einbeziehung der Bundesrepublik in den gemeinsamen Markt der Europäischen Wirtschaftsgemeinschaft (EWG) erforderte von Bonn eine Anpassung der Zölle. Für Wesseling, Horst und Scholven bedeutete dies das Auslaufen der Hydrierpräferenz mit dem Silvestertag 1963.

Leichtes Heizöl ließ sich über die Vereinigungsgesellschaft Rheinischer Braunkohlenbergwerke (Verges) absetzen, Dieselöl weitgehend über den Handel vertreiben, das schwere Heizöl beim RWE oder anderen Kraftwerksbetreibern absetzen. Was aber sollte mit den rund 800 000 Tonnen Mineralölprodukten im Jahr geschehen, die derzeit noch die Shell abnahm? Der Schock des Caltex-Flops saß zu tief, um den Aufbau eines eigenen Tankstellennetzes ernsthaft zu erwägen. Für den Absatz von 200 000 Tonnen Kraftstoffen an 2000 Tankstellen errechnete der Vorstand bereits einen Investitionsbedarf von 200 Millionen Mark. »Die Erlöslage eines Tankstellennetzes«, bedeutete er dem Kontrollgremium weiter, »ist heute nicht so günstig, daß mit einem Rückfluß des investierten Kapitals in angemessener Zeit gerechnet werden kann.«

Dagegen bot sich als vielversprechender zweiter Weg an, Benzin in Olefine umzuwandeln, das Vorprodukt für Kunststoffe und Kunstfasern. Diesen Weg waren bereits große Mineralölgesellschaften wie Shell und BP in Partnerschaften mit Chemiekonzernen wie BASF und Bayer gegangen. Zu diesem Weg in die Petrochemie sollte sich auch die Union Kraftstoff in Wesseling entschließen, wie das sechste Kapitel eingehend darstellt.

Das Bemühen der UK, vom ehemaligen Lohnverarbeiter zum eigenständigen Mineralölunternehmen zu wachsen, war damit keineswegs ad acta gelegt, wie eine Episode aus dem Jahr 1963 plastisch macht. Shell ließ kurz vor Auslaufen des Vertrages anfragen, ob die Union Kraftstoff denn bereit wäre, der Shell ihre gesamte Verarbeitungskapazität von 3 Millionen Tonnen Rohöldurchsatz langfristig zur Verfügung zu stellen. Vehement begründete der Vorstand im Aufsichtsrat sein klares Nein dazu: »Nicht nur auf dem Ölsektor hätten wir unsere Freiheit verloren, wir wären auch in eine untragbare Abhängigkeit hinsichtlich unserer Ammoniak-, Methanol- und Ethylenproduktion gekommen, was ernste Rückwirkungen auf unsere Chemie-Partner gehabt haben würde. Zudem wären ohne Frage unsere Erlöse erheblich geschmälert worden.« Shell respektierte das erstarkte Selbstbewußtsein und erteilte für 1964 und 1965 nochmals einen Verarbeitungsauftrag für je 500 000 Tonnen Rohöl. Das waren die letzten Kraftstoffe, die für die Shell aus der UK-Raffinerie flossen.

Das Ende der Hydrierpräferenz

Zunächst jedoch forderte die EWG-Politik ihren Tribut von der UK. Mit dem Auslaufen der Hydrierpräferenz verlor Wesseling einen Mehrkostenausgleich von über 20 Millionen Mark im Jahr. Da ohne diese Staatshilfe keine konkurrenzfähige Produktion von Mineralölerzeugnissen möglich war, schaltete die Union Anfang 1964 ihre Hydrieranlagen ab oder nutzte sie teilweise für die Ammoniak- und Methanolherstellung weiter.

Nach dem Erleben zweier Ölpreiskrisen verdient diese Entwicklung eigentlich Bedauern. Denn mit dem Herausdrängen der Hydrieranlagen aus dem Verarbeitungsgeschehen verließen die Raffinerien einen Weg, den sie später nur unter hohen Opfern wieder erreichen konnten: aus einem Faß Rohöl so viele hochwertige Endprodukte wie möglich herauszuholen. Künftig hieß der Trend: mehr Heizöl, noch war Öl zum Verfeuern nicht zu schade. Als die Hydrierpräferenz fiel, lieferte Öl ein Drittel des deutschen Energieverbrauchs. Zehn Jahre später, beim Ausbruch der ersten Ölpreiskrise, lag der Anteil bei 55,4 Prozent. Und 38 Prozent des Raffinerieausstoßes waren leichtes Heizöl.

Mit dem Ende der Hydrierpräferenz stand die UK am Rubikon und

Fahrzeuge der Konzernvertriebsgesellschaften bringen UK-Produkte auf die Straße

mußte sich entschließen, ob sie stromaufwärts - englisch upstream – oder stromabwärts (downstream) sich weiter im Mineralölgeschäft freischwimmen wollte. In der Sprache des Öls meint »upstream« die Ölsuche und Förderung, während »downstream« Transport, Verarbeitung und Vertrieb umschließt. Ungeachtet der Weichenstellung für eine Umwandlung von Benzin in Olefine mußte sich der Vorstand entscheiden: Sollte die UK nach dem Auslaufen der Verarbeitungsverträge rationalisieren und schrumpfen oder expandieren und sich zum selbständigen Ölunternehmen weiterentwickeln, das neben der traditionellen Verarbeitung künftig auch Ölsuche und Förderung, Transport und Vertrieb zu seinen Unternehmensaufgaben zählte?

Dr. Kurt Wissel: technisches Vorstandsmitglied 1949–1968

Dr. Werner Siebourg: kaufmännisches Vorstandsmitglied 1958–1983

Schrumpfen oder wachsen?

Für den Ausbau plädierte Dr. Kurt Wissel, den Gegenpart vertrat sein Vorstandkollege Dr. Werner Siebourg. 1948 in die Rechtsabteilung der UK eingetreten, war der gebürtige Berliner Siebourg zehn Jahre später in die Leitung des Unternehmens aufgestiegen. Nun plädierte der Jurist für die Defensive. Seine und Wissels Standpunkte blieben in einem Schreiben erhalten, in dem Aufsichtsratsvorsitzender Carl-Alex Volmer seinem Vorgänger Franz Hellberg den Diskussionsstand erläutert.

Nach dieser Darstellung setzte sich Wissel dafür ein, »daß UK in eigener Selbstverantwortung seine derzeitige Raffinerie-Kapazität – das sind 3 Millionen Tonnen im Jahr – betreibt und darüber hinaus mit einem Aufwand, der nach seiner Einschätzung 20 Millionen Mark nicht übersteigt, eine weitere Raffineriekapazität schafft, die im Wege der Lohnverarbeitung für Dritte eingesetzt wird«. Durch solche Expansion erhoffte sich Wissel den Vorteil, daß »durch den größeren Durchsatz die spezifischen Kosten je Tonne geringer werden«. Auf einen Nenner gebracht: mehr produzieren, um die Herstellungskosten zu senken.

Demgegenüber hielt Siebourg »nichts von einer Lohnverarbeitung«. Weder glaubte er daran, mit nur 20 Millionen Mark könne die Kapazität um weitere 2 Millionen Tonnen im Jahr aufgestockt werden, noch lag ihm daran, »daß im Kölner Raum von UK selbst ein weiterer Wettbewerber am Markt großgezogen wird« – so wie zuvor die Shell durch die Verarbeitung in Wesseling bis zum Bau der eigenen Godorfer Raffinerie. Im Klartext: nicht investieren, sondern – so Siebourg – »wirksame Einsparungen und Rationalisierungen«.

Für Wissels offensive Strategie sprach jedoch ein Umstand, der Aufsichtsratschef Volmer offenbar einleuchtete, und dem sich schließlich auch Siebourg nicht verschließen konnte: »Die UK kann als einzige nennenswerte Raffinerie die derzeitigen schlechten Verkaufserlöse bei Fertigprodukten nicht auf das Rohöl zurückverrechnen, Scholven verfügt zwar ebenfalls nicht über eigenes Rohöl, hat hingegen den Vorteil des billigen Einkaufs von Russenöl.«

Die Entscheidung fiel zugunsten eines Ausbaues der Raffinerie, um auf diese Weise die Produktionskosten pro Tonne zu senken. Der angestrebte Spitzendurchsatz von über 5 Millionen Tonnen Rohöl, exakt 5 125 000 Tonnen, wurde 1973 erreicht. Während eines Ortstermins hatte Friedrich Hilberath gedrängt und gebeten: »Macht mir den Endtermin zum Weihnachtsgeschenk.« Die Bescherung kam überpünktlich – am 23. Dezember. Mehr als die Hälfte der anfallenden Mineralölprodukte wurde im Werk zur Erzeugung von Chemieprodukten sowie zur Unterfeuerung verbraucht. Vor allem diente das aus der Destillation und der thermischen Crackanlage kommende Naphtha als Eingangsstoff für die Olefinanlage.

Pipeline-Endstation Wesseling

Werner Siebourg setzte sich nach der Entscheidung vorbehaltlos und mit ganzer Kraft für die nun gewollte Expansion ein. Er stellte die Weichen in

Richtung verstärktem Up- und Downstream-Engagement, und zwar von eigener Exploration über den Transport von Rohöl in Pipelines und eigenen Hochseetankern bis hin zur Öleinlagerung in Salzkavernen als Krisenvorsorge. Auf dem Transportsektor hatte Wesseling schon vor der wegweisenden Entscheidung eine wichtige Vorleistung erbracht. Im November 1956 beteiligte sich die UK am Bau der damals größten europäischen Pipeline, einer Ölleitung von Wilhelmshaven durch das Ruhrgebiet bis Wesseling. 120 Meter Niveau-Unterschied mußten überwunden werden, 206 Straßen und 58 Eisenbahnanlagen gekreuzt, 15 Flußläufe und Kanäle unterquert werden.

In der Nacht des 20. Februar 1959 traf das erste Rohöl nach einer 390 Kilometer langen Reise durch die 71 Zentimeter weite Leitung in Wesseling ein. Um 22.50 Uhr kündigte sich die unterirdische Fracht mit dumpfem Rauschen und Schaben an. Dann platschte die borstige Reinigungswalze – der Molch – in die Schleuse, gefolgt von Kuwait-Öl. UK war an die Nord-West-Ölleitung (NWO) angeschlossen.

Im gleichen Jahr kam es zum Bau der ersten grenzüberschreitenden Ölleitung, der Rotterdam-Rhein-Pipeline (RRP), von Pernis im Rotterdamer Ölhafen bis Venlo und von dort in einem Zweig nach Wesel und im anderen Zweig bis Wesseling. Bei einer Strömungsgeschwindigkeit von 3,6 Kilometer pro Stunde benötigte das Rohöl für die 256 Kilometer weite Distanz in 60 Zentimeter messenden Rohren etwa 71 Stunden zur Union. Sobald das erste Öl am 27. Juni 1960 in Wesseling eintraf, war die UK Deutschlands erste Raffinerie mit zwei Pipeline-Anschlüssen.

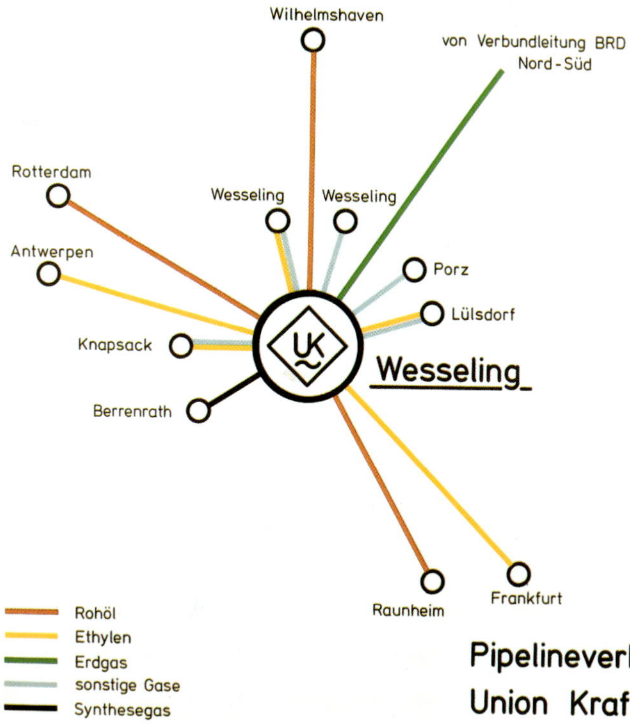

Pipelineverbindungen der Union Kraftstoff

Als die Hydrierpräferenz 1964 fiel, bedeutete dies auch einschneidende Konsequenzen für das deutsche Rohöl. Unter dem Schutz des Fiskus hatte es mit aufwendigen Kesselwagen- und Binnenschiffstransporten von den Förderfeldern zu den Raffinerien gebracht werden können. Die Einspeisung in die Nord-West-Ölleitung versprach eine Senkung der Transportkosten von 20 Mark pro Tonne auf nur 4 Mark. Auf Initiative der UK kam eine Gesetzesänderung zustande, die das Einspeisen von inländischem Öl in die mit ausländischem Öl gefüllte NWO erlaubte. Vom Jahresanfang 1964 konnte Wesseling deshalb auch das Emsland-Öl per Pipeline beziehen. Schachtbau und Deilmann ließen seither ihre Rohöle bei der Union verarbeiten.

Rohrbahnhof Wesseling: Reinigungsschleuse der Rotterdam-Rhein-Pipeline

Früher Treffer bei der Exploration

Als Ausgleich für den Fortfall der Hydrierpräferenz nahm Bonn 1964 die Hydrierwerke in den Kreis der Gesellschaften auf, die staatliche Bohrdarlehen erhalten konnten, und stellte 860 Millionen Mark für Explorationstätigkeiten in den kommenden Jahren bereit. Zugleich äußerte die Bundesregierung den Wunsch, die nationalen Mineralölgesellschaften enger zusammenzuführen als deutsches Gegengewicht zu den übermächtig erscheinenden internationalen Gesellschaften. Diese Initiative mündete 1966 in die Gründung der Deutschen Mineralölexplorationsgesellschaft mbH, kurz Deminex genannt. Der Wille zur Zusammenarbeit war jedoch nur schwach entwickelt. So blieb die Deminex zunächst lediglich eine Art Kontaktbüro, über das die Bohrdarlehen an die Gesellschafter flossen.

Im übrigen betrieben fast alle Deminex-Teilhaber auf eigene Faust Exploration, bedienten sich dazu allerdings der Finanzhilfe des Bundes. 1964 gliederte sich die UK in den Kreis der Explorateure ein und beteiligte sich mit 10 Prozent an der Atlantic-Gruppe, die in der britischen Nordsee Energieschätzen nachspürte. Bereits zwei Jahre später stießen die Atlantic-Trupps auf ein größeres Gasvorkommen, das Hewett-Feld. Von Mitte 1969 an strömte dieses Gas per Pipeline zur britischen Küste. Weitere Funde wie etwa das Leman-Feld erbrachten bis zum Anfang der achtziger Jahre insgesamt 3,5 Milliarden Kubikmeter Gas. Einen Wunsch allerdings erfüllten diese Funde nicht: einen Beitrag zur Rohölversorgung von Wesseling zu leisten.

Kurs Nordsee: Die UK beteiligt sich an der Suche nach Schätzen im Meeresboden

Anders als im britischen Teil der Nordsee blieben die Bemühungen im deutschen Teil der Nordsee, dem sogenannten »Entenschnabel«, ebenso erfolglos wie in Argentinien, Italien und Algerien. Ausgesprochenes Pech begleitete die Exploration der Union in Libyen. 1966 erhielt Wesseling dort vier Konzessionen zugesprochen. Während die UK-Bohrungen trocken blieben, wurde im Nachbarblock der Konzession 108 das größte Ölvorkommen Nordafrikas entdeckt, das Idris-Feld. Unglücklicherweise endete es jedoch gerade an der Grenze zur UK-Konzession.

Die schwere Wirtschaftsrezession führte 1967 zur Streichung der Bohrdarlehen. Bonn zeigte sich ohnehin nicht länger gewillt, die Staatsmittel in dieser Form einzusetzen. Vielmehr sollte eine gemeinsame Versorgungsgesellschaft einen Kristallisationspunkt für die nationalen Gesellschaften schaffen als Vorstufe einer späteren Deutschen Mineralöl AG. Diese Konzentrationspläne stießen jedoch auf den zähen Widerstand der nationalen Gesellschaften. Sie mochten zwar nicht auf die Darlehen verzichten, aber der Verlust ihrer Selbständigkeit schien ihnen als Preis dafür zu hoch.

Nach langen Verhandlungen wurde dann 1969 die Deutsche Erdölversorgungsgesellschaft mbH (Deminex) gegründet, die nunmehr als selbständiges Unternehmen Exploration betreiben sollte. Die Union Kraftstoff erwarb 13,5 Prozent der Anteile. Über fünf Jahre stellte der Bund 575 Millionen Mark zur Verfügung; die Gesellschafter mußten sich zu einem Drittel dieser Summe an den Explorationskosten beteiligen. Am Widerstand der Gesellschafter scheiterten dagegen Versuche des Bundes, den Rohöleinkauf und die Tankerflotten in das Engagement der Deminex einzubeziehen.

Als Bonn 1975 ein Anschlußprogramm wieder mit 75 Prozent staatlichem Finanzierungsanteil zusagte, geschah dies zu veränderten strukturellen Bedingungen. Zum einen sollten künftig nur Raffineriegesellschaften nach Öl suchen. Deshalb übernahm die UK den Anteil von Deilmann und besitzt seither 18,5 Prozent an der Deminex. Zum anderen stellte Bonn die Forderung, jede Gesellschaft müsse jedes sich ihr bietende Projekt zunächst der Deminex offerieren. Auf diese Weise sollte die Deminex zum Zentrum der deutschen Explorationsanstrengungen werden.

Da sich wirtschaftliche Funde trotz großen Mitteleinsatzes zunächst nicht einstellten, erwarb die Deminex Teile von fündigen Reserven. So wurde die Beteiligung am Thistle- und später am Beatrice-Feld in der britischen Nordsee zum Rückgrat der 1978 schließlich in Gang kommenden Deminex-Förderung, die fortan auch Versorgungsaufgaben für die Gesellschafter wahrzunehmen vermochte. Nach und nach erbrachte auch die Exploration Erfolge. Heute fördert die Deminex 3,7 Millionen Tonnen Rohöl im Jahr, davon 1,2 Millionen Tonnen aus selbst erschlossenen Quellen. Sollte sich der Preiseinbruch von 1986 umkehren, würde die Deminex von 1988 an ohne Staatszuschüsse auskommen können und sich eigenständig gegen die mächtige Konkurrenz internationaler Ölkonzerne und Staatsgesellschaften behaupten.

Im Zuge der Neuorientierung in Wesseling entschloß sich das Management der UK zum Verzicht auf die eigene Exploration. Ausschlaggebend war dabei, daß der Verkauf der eigenen britischen Explorationstochter 250 Millionen Mark einbrachte. Damit ließ sich nahezu die Hälfte der Zukunftsinvestitionen bezahlen. Da die Deminex die UK-Tochter erwarb, bleibt Wesseling nach wie vor indirekt an den Ergebnissen der eigenen Anstrengungen beteiligt.

Der UK-Kapitän ist ein Wesselinger Junge

Mit der eigenen Exploration und dem Kauf von Produkten in Eigenregie stellte sich auch die Frage des Rohöltransportes von fernen Quellen. »Da ab 1964 rund 80 Prozent des Auslandsrohöles von uns gekauft werden und es möglicherweise im Jahr darauf 100 Prozent sein werden«, erläuterte der Vorstand dem Aufsichtsrat Ende 1963, »glauben wir, nicht allein von Spotcharter abhängig sein zu sollen, sondern müssen uns für 50 bis 60 Prozent unseres Bedarfs langfristig Tanker sichern.«

Die Konsequenz dieser Überlegungen beschreibt der Geschäftsbericht für 1963: »Zur teilweisen Sicherstellung des langfristig benötigten Transportraumes für ausländisches Rohöl wurden zwei Tankschiffe mit je 53500 Tonnen Tragfähigkeit bestellt.« Am 7. Februar 1964 wird die UK Tankschiff Reederei GmbH in Hamburg gegründet. Den Geschäftsbetrieb übernimmt die Reederei van Ommeren.

Die Tankerflotte der Welt umfaßt 1963 insgesamt 75 Millionen Tonnen, von denen fast 40 Prozent im Besitz der Ölgesellschaften sind. Am Nikolaustag 1965 gliedert sich die Union in diese Gruppe der Tankerreeder ein. Auf der Werft der Howaldtswerke Hamburg AG spricht Barbara Volmer, die Ehefrau des Aufsichtsratsvorsitzenden, die klassischen Worte: »Ich taufe dich auf den Namen ›Fortuna‹ und wünsche dir und deiner Besatzung allzeit gute Fahrt.«

Der Name »Fortuna« soll nicht allein Glück bedeuten, sondern zugleich den Namen des damals größten rheinischen Braunkohlentagebaues in die Welt tragen. Auf ihrer Jungfernfahrt steuert die »Fortuna« Es Sider in Libyen als ersten Ladehafen an.

Bei UK vor Anker: Der neue Hafen erlaubt das emissionsfreie Befüllen von Rheinschiffen

Ein halbes Jahr später, am 2. Juni 1966, läuft das Schwesterschiff »Union« vom Stapel. Bei den folgenden Fahrten, vor allem nach Libyen, steht, so berichtet der »Kölner Stadt-Anzeiger«, ein »Wesselinger Junge« auf der Brücke: Kapitän Dietrich Graumann, 31 Jahre jung. Fortan schaffen die beiden Tanker auf jeweils 18tägigen Fahrten zwei von drei in Wesseling verarbeiteten Tonnen Rohöl zum Pipelinekopf nach Wilhelmshaven. Im ersten vollen Betriebsjahr 1967 sind das 1,7 Millionen Tonnen Rohöl. Zufrieden hält der Vorstand im Geschäftsbericht fest: »Beide Schiffe haben sich während der Nahostkrise besonders bewährt.«

Die Supertanker laufen ins Leere

Ende der sechziger Jahre schwimmt die UK im Schlepptau all derer mit, die auf immer größere Tanker setzen. Wesseling bestellt zwei weitere Tanker mit je 240 000 Tonnen Tragfähigkeit. International zählen diese Tankerkolosse zur Gruppe der VLCC (very large crudeoil carrier).

In alter Bescheidenheit gibt sich die Union noch am 14. Mai 1974. Bundespräsident Gustav Heinemann besucht in Wilhelmshaven die »Fortuna« und trägt sich um 11.20 Uhr ins Schiffstagebuch ein. Doch für die UK ist bereits die Epoche der Supertanker angebrochen. Am 5. April 1974 ist die »Minerva« vom Stapel gelaufen, am 19. Juli folgt die »Victoria«. Doch die erste Energiepreiskrise hat einen Kurswechsel im Öltransport eingeleitet. »Victoria« steuert auf eine betriebswirtschaftliche Niederlage zu. Sie kündigt sich schon 1975 nach dem ersten vollen Betriebsjahr an: »Soweit die Schiffe wegen reduzierter Fahrweise unserer Raffinerie nicht für eigene Rechnung fahren konnten, wurde die freie Transportkapazität – wenn auch nicht zu kostendeckenden Raten – unterverchartert.«

Fortan bläst der Wind der UK Tankschiff Reederei wie anderen Tankerbetreibern scharf ins Gesicht. Überkapazitäten, Drosselung des Ölverbrauchs und die einsetzende Förderung aus der verbrauchernahen Nordsee vernebeln die Ertragsaussichten. Im ungebrochenen Wachstumsoptimismus geordert, dümpeln

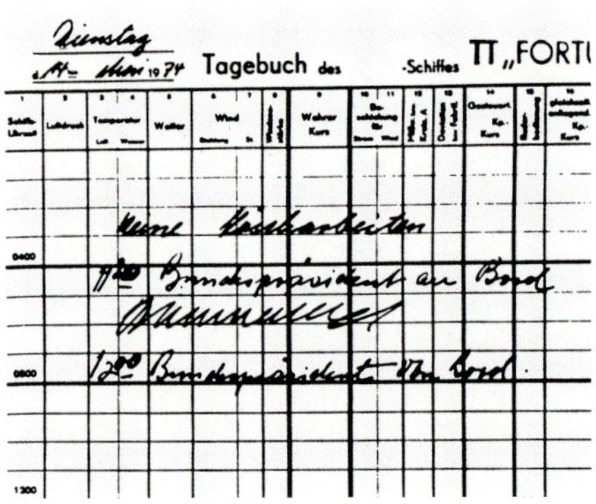

Bundespräsident an Bord: Gustav Heinemann trägt sich in das Logbuch der »Fortuna« ein

Falscher Kurs: Die Supertanker fahren an der Marktentwicklung vorbei

die Kolosse nun als »Dinosaurier der Meere« in seichtem Wasser. 1978 verkauft die UK deshalb die beiden kleinen Tanker »Fortuna« und »Union« an eine mexikanische Tochtergesellschaft der New Yorker Reederei Peter Constantine. In zwölf Jahren haben sie insgesamt 23,6 Millionen Tonnen Rohöl befördert. Den schwimmenden Riesen »Minerva« und »Victoria« bleibt durch Unterverchartern und Aufliegen nur eine Galgenfrist. 1982 trennt sich die UK von »Minerva«, ein Jahr später von »Victoria«, die UK Tankschiff Reederei GmbH stellt ihren Geschäftsbetrieb ein.

Mit der Klugheit aus späterer Erfahrung zu kritisieren zählt zu den Privilegien der Oppositionspolitiker, Wirtschaftsjournalisten und Pastoren. UK verhielt sich jedenfalls nicht anders als andere Mineralölgesellschaften.

Europäische Premiere im Tankbau

Als bedeutender Mineralölversorger auf dem deutschen Markt unterliegt die UK auch der staatlichen Bevorratungspflicht für den Krisenfall. Mit dieser Vorsorge will die Bundesregierung vermeiden, daß einzelne Anbieter von Rohöl ihre Marktmacht dazu benutzen, politischen Druck auf Bonn auszuüben.

Im Jahr 1968 beteiligt sich die Union Kraftstoff deshalb mit 500 000 Kubikmeter Lagerraum an der Nord-West-Kavernengesellschaft mbH (NWKG). Die Rohöleinlagerung in norddeutschen Salzkavernen beginnt dann im Herbst 1970. Mit der Gründung des Erdölbevorratungsverbandes (EBV) sind die 19,1 Prozent NWKG-Anteile der Union Kraftstoff auf diese neue Organisation übergegangen.

Tankraum nicht für den Ernstfall, sondern für den Normalfall einer gewachsenen Produktion wird Mitte der siebziger Jahre auch auf dem Wesselinger Firmengelände knapp. Da die Union Kraftstoff das Tankfeld 311 an der Autobahn Köln-Süd nach Bonn – das weithin sichtbare Kennzeichen des Unternehmens – nicht mehr in die Breite ausdehnen kann, beschreitet sie technisches Neuland und geht in die Höhe. Mit einer hydraulischen Hubmontage wird dazu ein Tank von zwölf Meter auf 22 Meter aufgestockt – eine europäische Premiere.

Vorratswirtschaft: Zur Raffinerie gehören riesige Rohstoff- und Produktentanks

Fusion von Gelsenberg und UK?

Die schrittweise Etablierung als eigenständig operierendes Mineralölunternehmen machte die UK zu einer wichtigen Konzerndiversifikation des größten deutschen Braunkohle- und Stromproduzenten RWE. Doch Anfang 1969 bekam Wesseling überraschend Konzernkonkurrenz auf dem angestammten Gebiet. Um den Verkauf der traditionsreichen Gelsenkirchener Bergwerks-Aktien-Gesellschaft (GBAG) an den staatlichen französischen Ölkonzern Compagny Française des Pétroles (CFP) zu verhindern, übernahm das RWE am 26. Januar 1969 für knapp 500 Millionen Mark das 35prozentige Gelsenberg-Paket der Dresdner Bank und wenig später auch die 7,5prozentigen Gelsenberg-Anteile der Deutschen Bank.

Noch ließ sich im RWE-Konzern der Umfang der Kernenergienutzung

Versuch einer Kooperation: Zusammenschalten individueller Versorgungsstränge in einer Raffinerie in Iran?

nicht klar absehen. Deshalb sollte Erdöl eine mögliche Zeitspanne zwischen der billigen Braunkohle und dem Großeinsatz der Kernkraft in der Stromproduktion überbrücken. Von seiten Gelsenbergs geriet Wesseling gleich in den Mittelpunkt des Interesses. Vorstand Dr. Walter Cipa mochte sich nicht mit der Rolle eines RWE-Rohstofflieferanten bescheiden und machte sich, so Heiner Radzio in seiner Veba-Geschichte »Unternehmen Energie«, gleich »mit Verve daran, ein Zusammenarbeitskonzept zu entwickeln«. Als Ansatzpunkt nutzte Cipa Gelsenbergs Aral-Verträge, die sich mit dem Kraftstoffgeschäft der UK nicht vereinbaren ließen. Während Cipa energisch eine Fusion beider Gesellschaften betrieb, begann sich die aufgeschreckte Union Kraftstoff solchen Bestrebungen zu widersetzen. Obwohl das Wesselinger Management die konzerninternen Gespräche der Belegschaft gegenüber verständlicherweise nur in vorsichtigen Andeutungen mitteilen konnte, herrschte bei den Silvesteransprachen des Vorstandes jeweils atemlose Spannung im Raum, sobald das Stichwort Gelsenberg fiel. Die UK spielte auf Zeit, komplizierte Fragen der beiderseitigen Unternehmenswerte beschäftigten die Experten vollauf. So arbeitete die Zeit für die UK, für ihre Eigenständigkeit. 1973 gab das RWE sein Gelsenberg-Paket an den Bund ab und ebnete damit den Weg für den Veba-Konzern. Die UK dagegen blieb im Konzern, nicht zuletzt auch wegen ihres Potentials für zukünftige Braunkohleveredlungsaktivitäten.

Ebenfalls 1973, dem Jahr der ersten Ölpreisexplosion, schlug ein weiteres Ölthema hohe Wellen. Von persischer Seite wurde gemeinsam mit dem Bonner Wirtschaftsminister Dr. Hans Friderichs das Projekt einer Exportgroßraffinerie in Bushir mit einer Kapazität von 25 Millionen Tonnen pro Jahr lanciert, denn der Bund sorgte sich um den Ölnachschub. Erneut versuchte Bonn deshalb die deutschen Mineralölgesellschaften zu einer Gemeinschaftsaktion zu veranlassen. Als vorgesehene Anteilseigner machten sich Gelsenberg, Scholven, Wintershall und UK auf den Weg nach Teheran. Wintershall verlor bald das Interesse, dafür kamen die Deutsche Shell und die Deutsche BP zum Interessentenkreis. Neben diesen fünf Gesellschaften mußte Verhandlungsführer Dr. Enno Schubert, damals Vorstandsmitglied der Gelsenberg AG, auch die Iraner mit ihren Wünschen zufriedenstellen. Am Anfang war das deutsche Interesse lebhaft, das der Iraner eher verhalten, am Ende sah es umgekehrt aus. Schließlich zeigten sich die deutschen Gesellschaften froh, dem Abenteuer entronnen zu sein. Die anfängliche Sorge um die Rohölversorgung war im Lauf des Jahres weitgehend verflogen, und die Verpflichtung zur Abnahme der Produkte aus einer solchen Exportraffinerie schien die Flexibilität der deutschen Unternehmen zu sehr einzuschränken.

Ungeachtet solcher Überlegungen investierte die UK weiter in ihre Wesselinger Raffinerie, vor allem um die Qualität der Treibstoffe zu steigern. Ottokraftstoff entsteht durch Mischen von Leicht- und Schwerbenzinschnitten. Die hohe Kraftstoffqualität läßt sich nur durch eine aufwendige Mixtur nach erforderlichen Oktanzahlen, Dichte, Siedeverlauf oder Dampfdruck gewährleisten. Das optimale Rezept erreicht allein eine sehr exakte Prozeßsteuerung mit kontinuierlicher Kontrollanalyse. Um so verständlicher deshalb, daß bei der vollautomatischen Benzin-Mischanlage der UK früh ein Univac-Prozeßrechner für Steuer- und Regelungsaufgaben zum Einsatz kam.

Von der Lochkarte zum Mikrochip

Natürlich war dies für die Union nicht das erste Anwendungsfeld eines Computers. Die kaufmännische Abteilung bediente sich schon in den Kindertagen der elektronischen Datenverarbeitung dieser neuen Generation von Maschinenrechnern. Es begann mit einfachen Lochkartengeräten, setzte sich mit riesigen Kästen voller wärmeabstrahlender Elektronenröhren fort bis heute zum modernsten Rechenzentrum, in dem Computer in einer Sekunde Millionen von Rechenschritten ausführen.

Der Computer in der Benzin-Mischanlage war nicht der erste Versuch in Wesseling, solch modernes Steuergerät in der Produktion einzusetzen – aber der erste mit vollem Erfolg. Heute ist der effektive Betrieb der UK-Raffinerie nicht mehr denkbar ohne die Fähigkeit der Prozeßrechner, sozusagen mit tausend Augen verschiedene Anlagenteile gleichzeitig zu überwachen und dem Steuerpersonal auf großen Bildschirmen anschaulich zu machen. Nur so läßt sich die optimale Ausbeute an Produkten aus wechselnden Ölsorten gewährleisten ohne Schwankungen der Qualität oder Nachteile für die Anlagensicherheit. Im Rechenzentrum laufen die Einzeldaten aller Steuercomputer zusammen. Aus diesen Informationen lassen sich Erkenntnisse sammeln, wie das Werk am günstigsten zu »fahren« ist – eine Optimierungstechnik, wie sie für eine moderne petrochemische Raffinerie wie Wesseling inzwischen unverzichtbar geworden ist.

Kollege Computer in der Verwaltung und in der Produktion: Von der Lochkarte zum Magnetband

UK-Treibstoff über den Wolken

Im April 1985 erweiterte die UK ihre Produktpalette um einen sehr anspruchsvollen Treibstoff, den Flugturbinenkraftstoff (Jet-Fuel). Kommt Dieselöl etwa zur Qualitätssicherung mit 14 Spezifikationspunkten aus, benötigt Jet-Fuel mit den Typenbezeichnungen F-35, JP 1 A oder Jet A 1 insgesamt 25 solcher Merkmale von A wie Ablagerung bis Z wie Zündwilligkeit. Solche außerordentlichen Anforderungen an Produktion und Lagerung bedeuteten für die UK

Starterlaubnis: Seit 1985 liefert UK auch Treibstoff für den Passagier- und Frachtluftverkehr

kein Neuland. Anfang 1965 stellte Wesseling im Auftrag des Bonner Verteidigungsministeriums Vorstudien zur Produktion von Kraftstoffen für Überschallflugzeuge an: Kennzeichen »3 Mach« – also dreifache Schallgeschwindigkeit. In Zusammenarbeit mit der Deutschen Forschungs- und Versuchsanstalt für Luft- und Raumfahrt e. V. experimentierten die UK-Forscher fortan mit Spezialflugtreibstoffen für Militärjets. Zwar führten die erfolgreichen Studien wegen fehlenden Bedarfs nicht zu einer Herstellung. Aber der UK wuchs auf diese Weise wichtiges Know-how für Jet-Fuel zu.

So konnte am 7. Juni 1985 der erste Straßentankwagen Wesseling in Richtung Flughafen Köln–Bonn verlassen. Die Union Kraftstoff erfüllt auch hier höchste Ansprüche in der Rohölverarbeitung – ein Erfahrungsschatz, der auch den Käufern der UK-Vergaserkraftstoffe zugute kommt.

Zwiebeltrank für den Häuptling

Die Beschaffung des Rohöls, ebenfalls eine wichtige Aufgabe im selbständig operierenden Mineralölunternehmen, stellte bis zur ersten Ölkrise kein besonderes Problem dar, da der Ölmarkt ein Käufermarkt war. Das Umschlagen in einen Verkäufermarkt kündigte sich im Herbst 1970 an, als Libyen eine Heraufsetzung der Listenpreise für Erdöl erzwang und etwa Nigeria bei der Vergabe neuer Bohrkonzessionen eine 51prozentige Staatsbeteiligung diktierte.

Bis 1972 konnte die UK ihre Rohölversorgung durch Verträge mit internationalen Ölgesellschaften sicherstellen, die das Rohöl vorwiegend aus afrikanischen Ländern und dem Mittleren Osten bezogen. In der ersten Ölpreiskrise stellten die UK-Vertragspartner unter Berufung auf die Höhere-Gewalt-Klausel ihre Lieferungen ein. Statt dessen versuchten sogenannte Vermittler die Zwangslage auszunutzen, indem sie Dollarbeträge in Millionenhöhe als Beraterhonorare forderten – natürlich per Vorauszahlung.

Die UK schickte den Leiter ihres Rechnungswesens, Dr. Heinz Bedorf, zum Antichambrieren in den Schwarzen Erdteil. In Lagos kam der Wesselinger Sonderbotschafter beim Stamm der Haussas einmal nicht in seinen Verhandlungen weiter, weil sein Gesprächspartner an einer schweren Bronchitis erkrankte. Kurzerhand ließ Bedorf ihm einen Trunk aus Milch, Zwiebeln und Honig verabreichen – mit durchschlagendem Erfolg. »Da der damalige Staatspräsident von Nigeria ein Stammesbruder des Patienten war«, erinnert sich Bedorf, »drang bis zu ihm die Kunde, daß ein deutscher Rohöleinkäufer auch ein großer Medizinmann sei.«

Fortan ließ sich der Rohöleinkauf nicht mehr vom Schreibtisch in Wesseling betreiben. Die Emissäre der Ölgesellschaften waren nunmehr im Morgenland zu Hause, gaben sich die Klinke bei den erstarkten Förderländern in die Hand und saßen oft tagelang in Vorzimmern herum. Neben der Versorgung für die Raffinerie mußten die Abgesandten auch an die Beschäftigung der eigenen Tanker denken.

Im April 1979 tat die UK den konsequenten Schritt und löste die Rohölbeschaffung mit der Gründung der 100prozentigen Tochter Rhein-Oel GmbH Wesseling aus der reinen

Einkaufsfunktion zugunsten eines Rohölhandels. Seit 1981 hat sich der Rohöleinkauf grundsätzlich gewandelt. An die Stelle des zuvor ruhigen Handels mit langfristigen Verträgen trat das hektische Spotgeschäft mit kleinen Mengen – bis zur nächsten Trendwende.

Das Gesicht am Markt

Viele Wege führen zur Tankstelle, wie die Ölgeschichte erzählt. John D. Rockefeller schuf mit rücksichtslosem Monopolstreben die Exxon. Marcus Samuel erweiterte seinen japanischen Muschelimport auf Mineralölprodukte aus, die Shell war geboren. In Italien gründete der Staat die Agip als Petroleummonopol. Die I. G. Farben richteten zum Absatz ihres Leuna-Benzins die Gasolin-Tankstellen ein. Die Kokshersteller schlossen sich zum Verkauf ihres überschüssigen Benzols zum Benzolverband BV Aral zusammen. Und die UK?

Der Schock der fehlgeschlagenen Caltex-Kooperation sitzt tief. Als Urzelle des Verkaufs von leichtem Heizöl darf die Vereinigungsgesellschaft der Rheinischen Braunkohlenwerke (Verges) gelten. 1961 erwarb die Union Kraftstoff die Mineralöl-Verkaufs GmbH Gelsenkirchen, die eigene Tankstellen besaß. Zwei Jahre später kam die Schmierölfirma Wenzel & Weidmann aus Eschweiler hinzu. 1970 erweiterte sich diese Gruppe von Firmen mit speziellen Vertriebswegen durch das Dortmunder Unternehmen Lichtenberg & Co., einer Fachfirma für Metallbearbeitungsöle. 1984 schließlich komplettierte die UK diese Palette durch zwei weitere Spezialfirmen: die Bielefelder Chemische Fabrik Ravensberg (CFR) als Hersteller von Poliermitteln für die Autoindustrie und die Deutsche Calypsolgesellschaft mbH (DC) in Düsseldorf als Produzent von Langzeitschmiermitteln und Spezialfetten.

Entscheidendes beim Entwickeln eines eigenen Kundenstammes der Union leistete ein einzelner: Christian Bärtges. Von Kollegen als »Verkäufer-Urgestein« bewundert, trat der gebürtige Dortmunder im Anschluß an seine kaufmännische Ausbildung bei der Ruhrchemie im Frühjahr 1939 bei UK ein. Nach seiner Wehrdienstzeit baute Bärtges aus kleinsten Anfängen den Verkauf der Union Kraftstoff bis hin zur Hauptabteilung Marketing und Absatz auf, die er als Direktor bis März 1979 leitete.

Im gleichen Jahr vollzog die UK ihren entscheidenden Schritt zur Tankstelle, als sie aus dem Konkurs des Billiganbieters Goldbach 50 Stationen erwarb. Dieser Entschluß zu einer verstärkten Präsenz beim breiten motorisierten Publikum mündete Mitte 1982 in eine durchgreifende

UK
UNION RHEINISCHE BRAUNKOHLEN KRAFTSTOFF AKTIENGESELLSCHAFT

Kundenähe: Vorstandsmitglied Dieter Kempermann informiert sich über Tankstellen-Neubauten

Neuordnung der Verkaufs- und Vertriebsaktivitäten. Dabei profitierte die UK von Erfahrungen, die der 1978 in den Vorstand berufene diplomierte Wirtschaftsingenieur Dieter Kempermann während seiner Tätigkeit in der Mineralölversorgung und im Marketing der Deutschen Shell gesammelt hatte. Unter dem Motto »Energie aus einer Hand« brachten UK- und Rheinbraun-Verkauf ihre im Einzugsbereich der Raffinerie tätigen Groß- und Einzelhandelsaktivitäten in die jeweils zur Hälfte gehaltene neue Union Rheinbraun Kohle und Mineralöl GmbH (UR) Wesseling ein. Sie bildet für Mineralölprodukte die ausschließliche Vertriebsorganisation der Union Kraftstoff und verkauft somit eine komplette Palette von Kraftstoffen, festen und flüssigen Brennstoffen sowie Flüssiggas bis hin zu Schmierstoffen. So kann die UR frühzeitig Entwicklungstendenzen im Konsum erkennen.

Für die Union zeichnete sich Ende der siebziger Jahre ab, daß sie in Ergänzung ihrer Funktion als wichtiger Vorlieferant des mittelständischen unabhängigen Mineralölhandels zur Stabilisierung ihres Kraftstoffgeschäftes ein »eigenes Standbein« in diesem Markt benötigte. Diese Beobachtung sprach für ein Tankstellennetz unter UK-Flagge – mit kalkulierbarem Risiko. In Zeiten stabiler Preise kann ein Raffineur mit Tankstellen nicht wesentlich mehr Geld verdienen als ohne, aber in Perioden starker Preisbewegungen wirkt sich ein Tankstellennetz fühlbar ertragsstabilisierend aus. Vor allem jedoch erfährt ein Mineralölunternehmen nirgendwo besser, was sich wirklich am Markt vollzieht, als an der Kasse einer Tankstelle.

Diese Überlegungen ließen die UK die Gelegenheit beim Schopf fassen und das Goldin-Netz erwerben. Der Aufbau eines eigenen Markenvertriebsnetzes, teilweise in Kooperation mit mittelständischen Partnern, verspricht eine bedeutsame Absatzsicherung des Raffinerieausstoßes, solange die Kraftstoffqualität stimmt, der Preis akzeptabel bleibt und das Erscheinungsbild der Tankstelle wie das Auftreten des Servicepersonals den Autofahrer positiv einnehmen.

Kundentreue schafft letztlich nicht der Zehntelpfennig Unterschied auf der Leuchttafel, sondern die dankbare Erinnerung des Automobilisten an den netten Tankwart, der gleich beim ersten Blick unter die Motorhaube seines geschätzten Gefährts den Grund für das nervtötende Klappergeräusch fand.

Die UK stellt sich diesem harten Wettbewerb um kritisches Stammpublikum an der Tankstelle. Sauber weiße Stationen, hohe Kraftstoffqualität »nach deutscher Tradition« – so der Slogan, scharf kalkulierte Preise und entgegenkommendes Bedienungspersonal sollen die Fahrt zur UK-Tankstelle zur festen Route werden lassen. Seit die Union Kraftstoff um den Endverbraucher wirbt, gibt nicht länger der Prillturm in Wesseling das Wahrzeichen des Unternehmens ab, sondern die UK-Raute draußen in der Region an den orange-violett-weißen Tankstellen.

Der Rohstoff

Von der Kohle zum Öl – aber gerüstet für die Kohlezukunft

Die exzellenten Resultate sprechen für sich.« Dieses Lob stammt von einem der größten Mineralölkonzerne der Welt, der Mobil Corporation. Es gilt der Union Kraftstoff. Mobils Wertschätzung für die UK dürfte ein Dritter im Bunde teilen, das amerikanische Energieministerium. Was läßt die Washingtoner Bundesbehörde und den US-Ölmulti die Zusammenarbeit mit einem regionalen deutschen Mineralölunternehmen suchen? Vier Stichworte erleichtern die Antwort: Braunkohle, Hydrier- und Vergasungs-Know-how, Methanol, Benzin.

Vom 6. Juli 1979 bis zum 30. März 1986 war Wesseling Schauplatz für ein amerikanisch-deutsches Entwicklungsvorhaben zur künftigen Kraftstoffversorgung. Die Mobil Research and Development Corporation in Paulsboro, New Jersey, der Dortmunder Anlagenkonstrukteur Uhde GmbH und die Union Kraftstoff planten, errichteten und betrieben gemeinsam eine Demonstrationsanlage zum Umwandeln von Methanol in Benzin, später auch zu Dieselöl, nach dem Mobil-Prozeß. Von den Gesamtkosten des Projekts in Höhe von rund 70 Millionen Mark übernahmen die beteiligten Unternehmen zusammen ein Drittel, die beiden weiteren Drittel steuerten das amerikanische Energieministerium und das Bonner Ministerium für Forschung und Technologie bei.

Wer diese Schlüsselrolle der UK in einem international bedeutsamen Forschungsprojekt sachgerecht einschätzen will, muß die Vorgeschichte kennen. Und diese wiederum ist dekkungsgleich mit der Rohstoffhistorie der Union. Das Gründungsziel des Unternehmens lautete: Motorkraftstoffe aus Braunkohle erzeugen. Eine mögliche Zukunftsperspektive je nach Lage auf dem Erdölmarkt kann heißen: Motorkraftstoffe aus Braunkohle erzeugen – zum Beispiel unter Einsatz des Mobil-Prozesses.

Je nach Augenblicksstimmung auf dem Rotterdamer Ölpreisbasar und seinen Signalen bis hin zum bundesdeutschen Autofahrer und Heizölkunden gelten solche Vorausschauen als Problem von übermorgen oder Versäumnis von vorgestern. Bundesforschungsminister Dr. Heinz Riesenhuber betrachtet deshalb die Entwicklung großtechnisch einsetzbarer Kohleveredlungstechniken als heutiges Erfordernis: »Sollen diese Verfahren im Ernstfall verfügbar sein, dürfen wir uns keinen Fadenriß leisten. Wir müssen also durchhalten, damit die Technologie dann ausgereift ist, wenn wir sie benötigen.« Wann solche Prozesse einsatzbereit sein müssen, entscheidet sich zwischen Politik, Pressionen und Preisen. Wo Öl als Waffe dient, muß heimische Kohle den Schutzschild gegen politische Erpressungen abgeben.

Die OPEC lacht zuletzt

Im Jahr 1985 feierte die Organization of the Petroleum Exporting Countries (OPEC) ihren 25. Geburtstag in nicht gerade bester Verfassung. Doch wer sich die Ölstatistiken leidenschaftslos anschaut, dem vergeht jede voreilige Schadenfreude über das vermeintliche Ende des einst so mächtigen Preis- und Mengenkartells. Die OPEC kontrolliert 60 Prozent des Weltölhandels und besitzt zwei Drittel der heutigen Weltreserven. Wahrscheinlich wird sie zuletzt lachen ... Da heißt es, daheim frühzeitig Alternativen zum Rohöl zu entwickeln.

Zum anderen stellt das Öl als derzeitiger Hauptenergieträger der Welt zugleich die Energieressource dar, die zuerst erschöpft sein dürfte. Nicht die Spekulation »wann«, sondern die Tatsache »daß« ist dabei entscheidend. Letztlich wird die Ölzeit eine Epoche im Kohlezeitalter gewesen sein. Da heißt es, in der Zeit nach dem Öl nicht auf dem trockenen zu sitzen. Schließlich dient Energie als Schmierstoff unserer Weltwirtschaft. Auf das magische Viereck von Wachstum, Vollbeschäftigung, Preisstabilität und ausgeglichener Zahlungsbilanz – vier gleichermaßen

Partner im Gespräch: Vorstandsmitglied Dr. Horst J. Köhler diskutiert im Kreis des Betriebsrates mit dem Vorsitzenden Willi Garagnon

wirtschaftspolitisch erstrebenswerte Ziele – nimmt das Öl als deutscher Hauptenergieträger bestimmenden Einfluß. Mangel an Öl beeinträchtigt das Wachstum, löst Gefahren für die Arbeitsplätze aus. Preissteigerungen für Öl treiben die Inflation, reißen ein Defizit in die Zahlungsbilanz. Über den Einsatz von Öl entscheidet dabei nicht allein der Ölpreis selbst, sondern auch die Währung, in der Öl weltweit gehandelt und abgerechnet wird: der amerikanische Dollar. Seine unkalkulierbaren Wechselkursveränderungen können eine Raffinerie mit Deviseneinbußen belasten, die größer sind als die Verarbeitungsspanne. Horst J. Köhler, im Vorstand seit 1982 für die kaufmännischen Belange zuständig sowie als Arbeitsdirektor tätig, sieht sich mit seinen Finanzmaßnahmen den Unwägbarkeiten des internationalen Devisenmarktes ausgesetzt.

Braunkohle – ein vielseitiges Kraftpaket

Kohle bildete den Zündstoff für die Industrialisierung, von Watts Dampfmaschine über den Dynamo von Siemens bis zu Edisons Glühbirne. Öl gab den Treibstoff ab für einen breiten Wohlstand, das Auto für jedermann, die Heizung per Knopfdruck, die Urlaubsreise mit dem Flugzeug. Energieszenarien zwischen Kohle und Öl: Die UK-Geschichte im Zeitraffer hält viele Antworten auf Fragen nach einer künftigen Energieversorgung bereit. Basierend auf gewachsenem Know-how, das auch die Mobil-Experten beeindruckte, baut Wesseling mit engagierter Forschung für die Zukunft vor – aus unternehmerischem Ehrgeiz, aber zum volkswirtschaftlichen Nutzen.

Am Anfang der UK war die Braunkohle – und der politische Wille, Kraftstoffe daraus zu erzeugen. Das rheinische Braunkohlenrevier zwischen Köln, Aachen und Mönchengladbach birgt 55 Milliarden Tonnen Braunkohle. Heute dienen über 80 Prozent der Förderung der Stromproduktion. Bis zu 870 Kilowattstunden Elektrizität lassen sich aus einer Tonne Braunkohle gewinnen.

Chancen für die Braunkohle: Unterschiedliche Techniken veredeln den Rohstoff

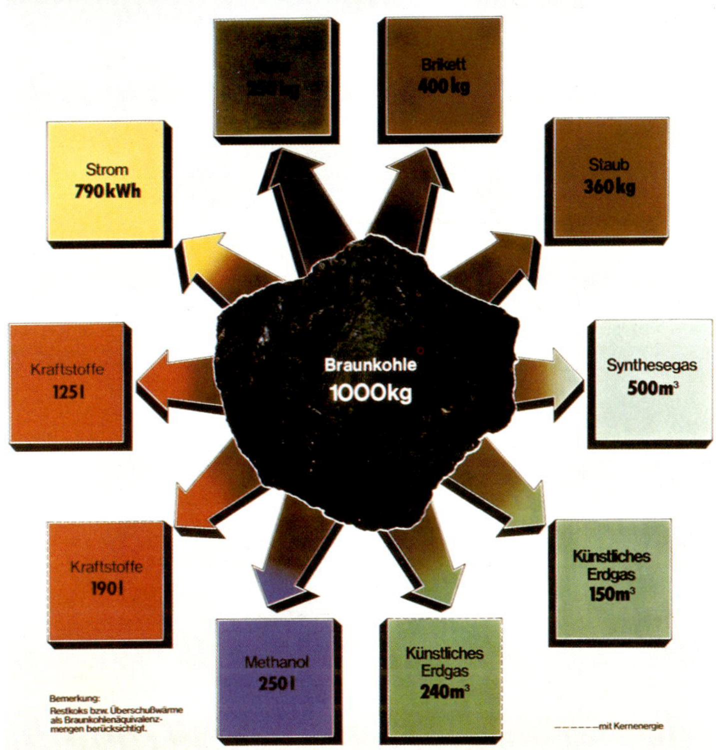

Aber es bieten sich weitere Einsatzfelder. So lassen sich alternativ aus einer Tonne Braunkohle 400 Kilogramm Briketts pressen, 160 Liter Kraftstoffe hydrieren, 280 Liter Methanol erzeugen oder 550 Kubikmeter Synthesegas. Für alle diese Möglichkeiten liefert der UK-Alltag der letzten 50 Jahre Anwendungsbeispiele.

Erwin Rose: Ein Mann steht für eine Fabrikationsepoche

Viskosimeter nach Erwin Rose

Im ursprünglichen Hydrierwerk spielte Braunkohle die Schlüsselrolle. Die Hochdruckkammern wandelten sie durch Anlagern von Wasserstoff in Kohleöl um. Die Energie zum Antrieb der Hochdruckkompressoren lieferte ein mit Braunkohle befeuertes Kraftwerk. Den Wasserstoff für die Hydrierung erzeugte die UK ebenfalls aus Braunkohle, die in den Pintsch-Hillebrand-Generatoren mit überhitztem Wasserdampf vergast wurde. Dieser Vorgang wiederum erforderte Wärmezufuhr in Form von Schwachgas, das durch die Vergasung von Braunkohle mit Luft erzeugt wurde.

Beide Vergasungsanlagen, für Wasserstoff und Schwachgas, firmierten im betrieblichen Sprachgebrauch als Gasfabrik, Firmenkürzel: B O. Bis in die sechziger Jahre hinein bestimmte die Gasfabrik die Werkssilhouette im Süden. Als die Bauarbeiten für B O im Frühjahr 1939 begannen, kam vom Anlagenkonstrukteur Pintsch KG ein Ingenieur mit nach Wesseling, Erwin Rose. Er baute die Anlagen mit den zunächst elf Pintsch-Hillebrand-Generatoren auf, übernahm die Betriebsleitung in B O, setzte Ende 1968 die Gasfabrik still und ging in Pension. Dieses Zusammentreffen von technischer und persönlicher Geschichte ist wohl einmalig in der UK-Historie.

Was Erfahrung bedeutet, bewies Rose in einer unvergessenen Szene. Unter Zeitdruck galt es, eine Schlammpumpe einzubauen. Blitzartig war die Viskosität zu prüfen, um die jeweilige Leistung der Pumpe zu ermitteln. Schon standen die Flaschen da mit verschieden zähflüssigen Proben – nur ein exaktes Analysegerät fehlte. Erwin Rose holte kurzerhand sein Taschenmesser hervor, tauchte die Schnittfläche in die Flaschen und taxierte: »Flasche eins 20 Prozent Feststoff, Flasche zwei 16 Prozent, Flasche drei 12 Prozent.« Offenbar muß dieses »Viskosimeter nach Rose« funktioniert haben, denn der Erfinder erhielt wenig später von der Konstruktionsfirma ein vergoldetes Taschenmesser geschenkt.

Die Eingeborenen von Gasonesien

Die Briketts für die Gasfabrik kamen von der Vereinigten Ville. Der Tageshöchstverbrauch in B O betrug zeitweise 1800 Tonnen. Der Produktionswechsel in der Nachkriegszeit zu Ammoniak und Methanol machte Roses Mannschaft nicht arbeitslos. Im Gegenteil ging 1957 der zwölfte Wassergasgenerator in Betrieb. Auch

Knochenarbeit: Die Bedienung der Pintsch-Hillebrand-Generatoren erforderte hohen Einsatz

Vergasungsvariante: Der Winkler-Generator kam ab Mitte der fünfziger Jahre zum Einsatz

wenn Hochdruckanlagen für die Methanol- und Ammoniakherstellung umgerüstet wurden, mußte auch die Gasfabrik die erforderlichen Synthesegasgemische bereitstellen, wieder aus dem Rohstoff Braunkohle.

Es war eine schwere und schmutzige Arbeit, die die zeitweise 250 Mann in B O leisten mußten. Das Lied der »Eingeborenen von Gasonesien« als Parodie auf den Nachkriegsschlager über Trizonesien läßt ihren Alltag lebendig werden: »Wir sind zwar keine wilden Neger, doch schwarz sind wir wie Schornsteinfeger . . . Wir haben Saft und Kraft in unsren Knochen, wer schwache Glieder hat, der kann nicht stochen.« Als in den Pintsch-Hillebrand-Generatoren am 30. April 1969 die Gaserzeugung erlosch, konnte Betriebsleiter Rose ein beeindruckendes Resümee ziehen. In rund 25 Jahren waren fast 11 Millionen Tonnen Braunkohlebrikett verbraucht worden. Das entspricht einem viereinhalb Meter breiten Brikettgürtel um den Erdball.

Während die zwölf Pintsch-Hillebrand-Generatoren Briketts vergasten, suchte die UK Mitte der fünfziger Jahre nach Verfahren, die eine kostengünstigere Vergasung mit feinkörniger Braunkohle und Sauerstoff versprachen. Dazu boten sich der Winkler-Generator in Lizenz der BASF und der bei UK entwickelte Rummel-Prozeß mit Schlackenbadgenerator an. Beide erhielten 1955 in Wesseling ihre Chance mit je einem Generator. Als 1960 eine dritte Anlage erforderlich wurde, entschied sich die Union für einen zweiten Winkler-Generator. Seine Anschaffung bedeutete für Wesseling die vorläufig letzte Investition auf Basis Braunkohle als Vergasungsrohstoff.

Schweröl ersetzt Braunkohle

Die Aufnahme der Lohnverarbeitung für Shell 1949 bewirkte die Auffächerung der Produktion in zwei sich künftig eigenständig entwickelnde Linien. Neben die auf Braunkohle basierende Synthesegaschemie trat die auf Mineralöl fußende Raffinerie. Doch ab Mitte der fünfziger Jahre rückten Fragen eines künftigen Öleinsatzes auch in der Synthesegaschemie zunehmend in den Vordergrund der Investitionsgespräche. Zum einen gab es Ungewißheit über die Lebensdauer der Lagerstätten im Südrevier, die damals die Briketts lieferten. Zum anderen signalisierte die Preisentwicklung beim Öl künftige Kostenvorteile gegenüber der Braunkohle.

Deshalb entschloß sich die UK zur Anschaffung zweier Shell-Vergasungsreaktoren, die mit Schweröl arbeiteten. Es waren die ersten kommerziellen Reaktoren dieses Verfahrens, die 1958 eine neue Ära im Rohstoffeinsatz für die Synthesegaschemie einläuteten. Elf Jahre später liefen neun Anlagen mit fast 1000 Tonnen täglichem Crackrückstand als Einsatzstoff in Wesseling. Der Wegfall der Hydrierpräferenz hatte die Umstellung beschleunigt. Da sich fortan der Crackrückstand aus der Raffinerie nicht mehr wirtschaftlich hydrieren ließ, bot sich seine Verwendung in den Öl-Druckvergasern als Ausweg an. Seither bestand eine enge Kopplung zwischen dem Durchsatz der Raffinerie, dem Einsatzvolumen der Crackanlage und der Verarbeitungskapazität der Ölvergasung. Die UK hatte einen entscheidenden Schritt vollzogen: in Richtung petrochemische Raffinerie.

Während die Shell-Druckvergaser die Braunkohle durch Crackrückstand verdrängten, traten ab 1965 drei ICI-Reforming-Anlagen in Konkurrenz zum Brikett – und zwar mit Rohbenzin (Naphtha) als Einsatzstoff.

Abgesang: Der letzte Transport von Kohlenstaub traf am 27. Mai 1969 ein

Diese Aggregate stellten nach dem Verfahren des britischen Chemiekonzerns ICI Wasserstoff für die Methanol- und Ammoniaksynthese her und bedienten sich dazu des Ausgangsstoffs Naphtha aus der UK-Raffinerie – ein zweiter Schritt zur Verzahnung beider Produktionsstränge.

Kohle nur noch beim Werksarzt

Im April 1969 kam das Ende der alten Gasfabrik B O, im Dezember gleichen Jahres erloschen auch die beiden letzten Kohlekessel im Kraftwerk. Die Union hatte den Wechsel von der Braunkohle zum Erdöl vollzogen. Seither kursiert im Werk der Spott: »Kohle gibt's bei uns nur noch in Tablettenform beim Werksarzt.«

Der grundlegende Wandel hatte sich nicht gegen, sondern mit dem energiepolitischen Trend in der Bundesrepublik vollzogen: Im Jahr 1958 erzeugte die Mineralöl- und Chemieindustrie noch 71 Prozent ihrer Primärchemikalien aus Kohle, 1967 blieben davon nur noch 16 Prozent.

Allerdings bedeutete dieser aus betriebswirtschaftlichen Überlegungen vollzogene Wechsel nicht den später von Forschungsminister Riesenhuber befürchteten Fadenriß im technischen Kohleveredlungs-Knowhow.

Am 28. März 1968 versuchten sich die Abgeordneten des nordrhein-westfälischen Landtages in etwas Neumodischem, sie beraumten ein Hearing an – eine öffentliche Anhörung. Das Thema dieses ersten Hearings in Düsseldorf läßt aufhorchen: »Technische Möglichkeiten und wirtschaftliche Chancen der Kohlehydrierung«. Den Anlaß bot damals die Beschäftigungskrise im Ruhrbergbau, die der Siegeszug des Öls ausgelöst hatte.

In dieser schwierigen Situation erhofften sich die Düsseldorfer Parlamentarier Aufschlüsse darüber, welche Veredlungschancen künftig für den heimischen Rohstoff bestanden. Als Sachverständiger aus Wesseling erschien Vorstand Friedrich Hilberath. Vehement setzte er sich dafür ein, bei den langfristigen Überlegungen »neben der Hydrierung von Schweröl auch nicht die Hydrierung der rheinischen Braunkohle außer acht zu lassen«.

Solche Veredlungschancen der Braunkohle für die Zukunft auszuloten, wartete die Rheinbraun-Gruppe nicht erst die erste Ölpreiskrise 1973 ab. Die Vorversuche zur Optimierung des Winkler-Verfahrens zum Vergasen von Braunkohle unter erhöhtem Druck begannen schon im Jahr 1970 an der Technischen Hochschule Aachen.

Die Ingenieure konnten auf Erfahrungen zurückgreifen, die bis Mitte der sechziger Jahre mit Winkler-Anlagen in Wesseling gemacht worden

Wandelhallen: Modell eines Katalysators in millionenfacher Vergrößerung zur Produktion von Benzin aus Methanol

waren. Jetzt galt es, mit höheren Temperaturen und höherem Druck die Effektivität des Prozesses zu steigern. 1971, also zwei Jahre vor dem Ölschock, entschied sich Rheinbraun für den Bau einer Versuchsanlage zur hydrierenden Vergasung von Braunkohle, und zwar wieder in Wesseling.

Seit der Ölkrise betreiben die Union Kraftstoff und die Rheinischen Braunkohlenwerke intensive Forschungen, um für eine mögliche künftige Renaissance der Braunkohle gewappnet zu sein. Als Anwendungsbereiche für die rheinische Braunkohle gelten dabei Kraftstoffe, Erdgasersatz und Synthesegas.

Rohstoff Öl: Aus leichten bis mittelschweren Kohlenwasserstoffen erzeugt die ICI-Anlage Synthesegas und heute Wasserstoff

Beachtliche Fortschritte bei Veredlungsverfahren

Die Hydrierung nach Bergius und Pier entwickelt die UK im Auftrag von Rheinbraun seit 1978 weiter. In einer Technikumsanlage werden täglich aus 250 Kilogramm Rohbraunkohle flüssige Kohlenwasserstoffe gewonnen zur Weiterverarbeitung zu Motorkraftstoffen. Die gesammelten Erfahrungen geben Rheinbraun und UK im Ernstfall die Möglichkeit, mit dem optimierten Hochdruckprozeß wieder im Großmaßstab Treibstoffe aus Braunkohle hydrieren zu können. Und zwar mit zwei beachtlichen Verfahrensvorteilen: Der Druck konnte von 700 auf 300 Atmosphären gesenkt werden, und zum Herstellen von einer Tonne Benzin sind nicht mehr 15, sondern nur noch zehn Tonnen Rohbraunkohle nötig. Ein zweiter Forschungsstrang gilt dem Bemühen der Rheinbraun, aus Braunkohle künstliches Erdgas herzustellen. Eine entsprechende Versuchsanlage mit einer Durchsatzkapazität von zehn Tonnen Trockenbraunkohle in der Stunde läuft seit 1983 auf dem Werksgelände in Wesseling.

Die Weiterentwicklung des Winkler-Prozesses durch Rheinbraun führte zum Hochtemperatur-Winkler-Verfahren (HTW) und mündete in eine Demonstrationsanlage, und zwar rohstoffnah auf dem Gelände der Brikettfabrik Berrenrath. Sie soll die Basisdaten liefern für eine großtechnische Anlage zur Erzeugung von Synthesegas aus Braunkohle. Diese Demonstrationsanlage, die 1985 in Probebetrieb ging, erzeugt aus 30 Tonnen Trockenbraunkohle stündlich 37 000 Kubikmeter Synthesegas. Über eine Pipeline gelangt es zur UK und wird dort in Methanol umgewan-

Nachforschungen: Die UK-Wissenschaftler sind bemüht, die Rohstoffbasis zu erweitern, Produktionsverfahren zu verbessern und neue energiesparende Techniken zu entwickeln

delt. Im Urteil der ehrgeizigen Verfahrenstechniker arbeiten die Veredlungsprozesse derzeit noch mit einem Schönheitsfehler. Sie nutzen die Braunkohle nicht allein als Rohstoff, sondern auch als Brennmaterial. Eigentlich sollte künftig aber die Braunkohle zum Verheizen zu schade sein. Unter dem Kürzel PNP, in Langfassung »Prototyp Nukleare Prozeßwärme«, bietet sich in ferner Zukunft eine Möglichkeit zur Rohstoffeinsparung an.

Ein Kernreaktor der zweiten Generation, der Hochtemperaturreaktor, könnte dann als Energielieferant dienen. Die UK arbeitet in dieser Projektgruppe mit, denn die Kopplung eines Hochtemperaturreaktors mit einer Kohleveredlungsanlage verspricht ungleich mehr hochwertige Endprodukte aus Braunkohle.

Eine weitere Einsatzmöglichkeit für Hochtemperaturreaktoren wird ebenfalls mit engagierter Beteiligung aus Wesseling entwickelt: der Transport von Wärme auf kaltem Wege über große Distanzen. Von Friedrich Hilberath und Hans Teggers in Wesseling kam ein raffinierter Vorschlag. Um die Wärme eines Hochtemperaturreaktors kilometerweit ohne kostspielige Isolierungen etwa in Wohngebiete zu schaffen, wird sie sozusagen thermochemisch verpackt. Man führt einem Transportgemisch Energie zu und ermöglicht so eine chemische Reaktion innerhalb des Gemisches. Dabei wird ein erheblicher Teil der zugeführten Energie in den neuentstandenen Stoffen gespeichert – der kalte Transport kann beginnen. Am Zielpunkt werden die entstandenen Verbindungen wieder in die Ausgangsstoffe zurückverwandelt. Die gespeicherte Energie wird dabei als Wärme frei.

In Zusammenarbeit mit der Kernforschungsanlage Jülich GmbH laufen seither entsprechende Entwicklungsarbeiten. Innerhalb dieses Projektes übernahm die UK die Suche nach geeigneten Katalysatoren für eine wichtige Verfahrensstufe, die Hochtemperatur-Methanisierung. Mehr als 60 Katalysatoren wurden in nahezu 200 000 Betriebsstunden intensiv und erfolgreich getestet.

Methanol – die Alternative im Autotank

Während solche Entwicklungen erst in fernerer Zukunft realisiert werden dürften, beschäftigt sich die UK seit Jahren in praktischen Versuchen mit einer Alternative zum Autobenzin, die in Deutschland Tradition besitzt: dem Methanol. Bereits 1903 experimentierte Professor Meyer an der Technischen Hochschule Berlin mit Spritmotoren. Um eine größere Unabhängigkeit Deutschlands von Rohölimporten zu erreichen, verfügte die Berliner Regierung 1921 einen »Reichskraftstoff«: Er bestand aus 50 Prozent Benzol, 25 Prozent Spiritus und 25 Prozent Tetralin, einem aromatischen Kohlenwasserstoff. Von 1936 an wurden Beimischungen von Methanol verfügt. Das erste mit Methanol betriebene Auto fuhr 1923 von Ludwigshafen nach München. In der Nachkriegszeit tankten die Werkswagen der UK ebenfalls Methanol.

Seit der ersten Ölkrise konzentriert sich das Interesse wieder auf Methanol als Alternativtreibstoff oder Zumischung zum Benzin. Eine 1974 unter Mitarbeit der UK erschienene Studie des Bundesforschungsministers unter dem Titel »Neuen Kraftstoffen auf der Spur« kam für Methanol zu dem ermutigenden Ergebnis, daß seine Verwendung als Er-

Wie in alten Zeiten: Sportwagen fuhren schon in den zwanziger Jahren mit Methanol

satzkraftstoff keine grundlegenden Schwierigkeiten aufwirft.

Methanolbetriebene Motoren können wegen der hohen Oktanzahl des Methanols auf Bleizusätze verzichten, verursachen weniger umweltschädliche Abgase und erlauben eine höhere Verdichtung in den Motoren. Als Nachteile stehen dem neben dem schlechten Kaltstartverhalten vor allem der nur halb so große Heizwert von Methanol im Vergleich zu Benzin entgegen.

Als zeitweise größter Methanolproduzent Europas wirkte die Union Kraftstoff von Anfang an mit bei den Methanol-Tests, ob als 15prozentige Beimischung zum Benzin (M 15) oder Methanol als Benzinersatz (M 100). Zusammen mit der Daimler-Benz AG führte die UK 1982 einen Wintertest mit Methanol-Kraftstoff durch, um nähere Aufschlüsse über das Kaltstartverhalten zu gewinnen. Im schweizerischen Samedan, 1725 Meter hoch, zeigte die Quecksilbersäule am 1. Februar 1982 minus 26 Grad Celsius.

UK-Mitarbeiter René Hentges erinnert sich: »Unsere Testpartner von Daimler-Benz waren sehr skeptisch und wollten schon ein Kraftstoffvorwarmaggegrat einbauen.« Dann wird der 280 SE freigeschaufelt, M 100 im Tank. »Fertig zum Startversuch«, protokolliert Hentges gespannt, »der Anlasser dreht nur langsam durch, so kalt ist es. Dann Zündung – Start.« M 100 aus Wesseling hatte einen Härtetest bestanden.

300 Methanol-Fahrzeuge im Test

Als der Bundesforschungsminister 1983 seine Studien abschloß, führte die UK in Eigenregie das M 100-Projekt weiter. Bis 1988 soll eine Testflotte von 300 Pkws betrieben werden, um den Methanol-Kraftstoff zu optimieren und sein Umweltverhalten noch zu verbessern. Seither fährt zum Beispiel die Stadtverwaltung Wesseling auf Dienstwegen mit Methanol, Kölns Schuldezernent Wolfgang Leirich tankt seinen Dienstwagen mit M 100, auf Streifenfahrten hat die Polizei von Wesseling ebenfalls die Alternative im Tank.

Die UK will mit diesem Großversuch beweisen, daß Methanol eine wirtschaftliche und energiepolitisch wünschenswerte Benzinalternative darstellt, wenn es im sogenannten Flottenbetrieb eingesetzt wird. Das bedeutet eine Anzahl von Fahrzeugen, die immer wieder zu einer zentralen Tankstelle zurückkehren, also

Kooperation: In Wesseling erprobten Mobil, Uhde und UK das Herstellen von Benzin und Dieselkraftstoff aus Methanol

Und läuft und läuft: Auch mit Methanol

Firmenwagen oder Polizeifahrzeuge. Denn noch steht einem breiten Einsatz von Methanol ein gewichtiges Handikap entgegen: ein ausreichendes Versorgungsnetz im Bundesgebiet und erst recht jenseits der Grenzen.

Deshalb wurde die UK hellhörig, als sie von einer Versuchsanlage bei der amerikanischen Mobil Corporation erfuhr, die Methanol in Benzin umwandelte. Denn eine solche Anlage erübrigt das kostspielige Nachrüsten der Tankstellen mit zusätzlichen Methanol-Zapfsäulen. Ende der siebziger Jahre arbeitete bei der Mobil in Paulsboro in Gebäude 19 des Forschungszentrums eine Laboranlage, die täglich aus 636 Liter Methanol 238,5 Liter Benzin, 397,5 Liter Wasser und einen Rest Gas herstellte.

Das Verwandlungskunststück schaffte ein von Mobil entdecktes Zeolith-Spaltwerkzeug mit der Typenbezeichnung ZSM-5. Die 50mal größere Pilotanlage im Vergleich zum Laboraggregat wurde nicht in den USA, sondern in Wesseling errichtet. Die UK nahm ihre Chance wahr, bei einer aussichtsreichen Veredlungstechnik für ihren traditionellen Grundstoff Methanol früh mit dabeizusein.

Methanol to Gasoline (MTG), also Methanol zu Benzin, hieß die Aufgabenstellung des Projektes. Die UK übernahm die Verantwortung für die Projektabwicklung von der Auftragsvergabe bis zur Kostenkontrolle. Das vorhandene Apparategerüst der stillgelegten Harnstoffanlage ließ sich kostensparend für die Versuchsanlage nutzen. So konnte die MTG-Anlage bereits im Dezember 1982 ihren Betrieb aufnehmen.

Wegen der exzellenten Resultate entschlossen sich die amerikanisch-deutschen Partner im Frühjahr 1984, noch eine wesentliche Erweiterung des Forschungsprojektes vorzunehmen. Bis dahin ließ sich mit Zeolith-Katalysatoren nur Benzin herstellen, was die Anwendbarkeit des Prozesses zweifellos einschränkte. Aber die Verfahrenstechniker der Mobil hatten inzwischen eine Variante entwickelt, mit der sich Methanol to Olefine (MTO) und von dort in einem weiteren Schritt zu Dieselkraftstoff (MOGD) verarbeiten ließ.

Als diese zweite Projektphase am 30. März 1986 ebenso zufriedenstellend endete, durfte die UK zu Recht für sich beanspruchen, an der Weiterentwicklung eines zukunftweisenden Verfahrens auf dem Sektor der alternativen Kraftstoffe mitgewirkt zu haben. Begeistert kabelten die Mobil-Partner nach Wesseling: »Wir würden uns glücklich schätzen, in der Zukunft wieder mit Ihnen zu kooperieren, auf jedem Sektor, der gegenseitigen Nutzen verspricht.«

Zwischenzeitlich bemühte sich ein Forscherteam in der Abteilung für Angewandte Systemanalyse des Kernforschungszentrums Karlsruhe darum, die künftigen Einsatzchancen verschiedener alternativer Kraftstoffe untereinander zu vergleichen. Das von Bundesforschungsminister Riesenhuber im Frühjahr 1986 der Öffentlichkeit vorgestellte Ergebnis kann die Union Kraftstoff in doppelter Hinsicht zufrieden stimmen.

Zwar ist die Wirtschaftlichkeit vorerst nicht gegeben, doch in technischer Hinsicht bekamen sowohl der Mobil-Prozeß als auch die Wesselinger Initiative M 100 gute Noten. »Die M 100-Optionen bieten ausgeprägte Vorteile unter umweltpolitischen Gesichtspunkten, unter Kostengesichtspunkten dann, wenn die Methanolerzeugung auf Braunkohlebasis erfolgt«, resümierten die Karlsruher Gutachter. Von zehn verschiedenen Optionen, Kraftstoffe aus Kohle herzustellen, schloß M 100 aus Braunkohle in puncto Wirtschaftlichkeit am besten ab, Mobil-Benzin aus Braunkohle am zweitbesten.

Wie schrieben die Mobil-Forscher? »Die exzellenten Resultate sprechen für sich.«

Die Petrochemie

Vorprodukte für Kunststoffe und synthetische Fasern

Fehlprognosen selbsternannter oder tatsächlicher Experten über Preise, Verbrauch und Reserven von Rohöl begleiten die Nutzung dieses Treibstoffes der Weltkonjunktur. Doch in zwei Voraussagen stimmen die Fachleute überein: Zum einen wird das Erdöl als erster der heute verfügbaren fossilen Energieträger zu Ende gehen – auch wenn der exakte Zeitpunkt eine Frage des Preises und rentabel erschließbarer Vorkommen bleibt. Zum anderen sollte auf Sicht das restliche Öl der Chemie vorbehalten bleiben. Hoechst-Vorstandsmitglied Professor Dr. Klaus Weissermel formuliert seine Prognose als Appell: »Die letzte Bastion, die das Erdöl, das derzeit zu mehr als 90 Prozent für die Energiegewinnung eingesetzt wird, verlieren darf, ist der Chemiesektor.«

Ohne solche Chemieprodukte aus Erdöl ist unser heutiger Alltag nicht mehr vorstellbar. Ob pflegeleichte Kleider, unzerbrechliche Haushaltsgegenstände, knitterfreie und lichtbeständige Gardinen, tempostabile Autoreifen, gezielt wirksame Pflanzenschutzmittel, wetterfeste Lacke oder strapazierfähige Sportartikel: Die Petrochemie versorgt uns mit Vielzweckartikeln aus Erdöl über raffinierte Zwischenprodukte mit eher fremd klingenden Namen wie Xylole, Toluole, Kresole, Ehtylen oder Propylen.

Schon heute läßt sich das Öl im Autotank ersetzen. Die Union Kraftstoff hat das bereits bewiesen, sei es durch Methanol als M 100-Kraftstoff oder durch Benzin aus Braunkohle über den Mobil-Methanolprozeß. Gehen die Ölvorräte einmal zur Neige, sollte der Chemie schon deshalb der Rest reserviert bleiben, weil sie diesen Rohstoff eindrucksvoll veredelt.

Wir haben in Zukunft die Wahl: Entweder fahren wir mit 100 Liter Benzin im Autotank von Flensburg nach Garmisch-Partenkirchen und blasen die Energie in einem halben Tag sozusagen durch den Auspuff, oder wir setzen diese 100 Liter Benzin statt dessen in petrochemischen Verarbeitungsanlagen ein und erhalten dafür 21 Herrenhemden aus Polyester, 200 Strumpfhosen, 21 Pullover, sechs Mülltonnen und einen Autoreifen.

Wer heute qualitätsbewußt beim Einkauf auf Markenzeichen achtet und bei Kunstfasern zum Beispiel nach »Trevira« oder bei Kunststoffen nach »Hostalen« schaut, wird kaum wissen, daß die Vorprodukte dieser beiden bekannten Warenzeichen der Hoechst AG von der Union Kraftstoff per Pipeline zum Frankfurter Chemiekonzern geflossen sind.

Konkurrenzkampf um Olefine aus Wesseling

Die Petrochemie ist eine vergleichsweise junge Industrie. Trotzdem kann sie eindrucksvolle Fortschritte bis hin zu extrem leichten und reißfesten Flugzeugwerkstoffen vorweisen, angefangen in den USA 1869 mit Celluloid als erstem Kunststoff. Die ersten Verarbeitungsfabriken nahmen in Nordamerika in den Jahren 1918 bis 1920 ihre Fabrikation auf. Deutschland folgte Anfang der fünfziger Jahre. Bei der Gründung der ersten deutschen petrochemischen Großanlage, der ROW Rheinische Olefinwerke GmbH, spielte die UK eine nicht unwichtige Rolle.

Im Bestreben, möglichst viel hochwertige Endprodukte aus dem Rohöl herauszuholen, entschloß sich die Union Anfang der fünfziger Jahre zum Bau einer thermischen Crackanlage. Noch bevor diese Anlage 1953 in Betrieb ging, entwickelte sich hektische Geschäftigkeit um ein Produkt dieser Fabrikation: Crackgase, die sogenannten Olefine. Dieses wichtige Ausgangsprodukt für Kunststoffe gehörte der Shell, weil die UK das Shell-Rohöl in Wesseling nur verarbeitete.

Um die Verwendung dieser Shell-Olefine aus Wesseling entwikkelte sich Anfang der fünfziger Jahre ein erbitterter Konkurrenzkampf zwischen der BASF und Hoechst. Den Hintergrund dieses Wettbewerbs um eine neue Produktionsrichtung erläuterte UK-Vorstand Blumencron Mitgliedern der Kölner Industrie- und Handelskammer: »Die Olefine sind wegen ihrer Reaktionsfähigkeit, das heißt, wegen ihres Bestrebens, mit anderen Stoffen Verbindungen einzugehen, für die Chemie sehr wichtige Rohstoffe.« Daß die Wesselinger Crackgase eine neue Phase deutscher Industrieproduktion einleiten würden, sah der UK-Vorstand ebenfalls voraus: »Auch in Deutschland wird sich im Anschluß an die Crackanlagen die sogenannte Petrol-Chemie entwickeln, die in Amerika schon große Ausmaße angenommen hat. Dabei werden Kunststoffe und Kunstfasern hergestellt werden können, die die Naturprodukte an Güte noch übertreffen.«

Nur, wer würde zuerst zum Zuge kommen, die BASF oder Hoechst? Und die UK wollte selbstverständlich

UK-Chemie-Grundstoffe – und was aus ihnen wird

auch nicht abseits stehen, wenn sich vielversprechende Zukunftsperspektiven auftaten. »Wir sind bestrebt«, kündigte Blumencron an, »auch in diese Chemie hineinzukommen, um die Wirtschaftlichkeit unseres Unternehmens zu verbessern.« Was an Veredlungspotential auf dem Spiel stand, veranschaulicht eine interne Kalkulation der UK für die Shell: »Jede Tonne Olefine, die mangels einer Verarbeitungsanlage ins Treib- oder Heizgas geht, muß als glatter Verlust gewertet werden und kommt einer Rohstoff- und Devisenverschleuderung gleich. Wenn man den Mehrerlös je Tonne Olefine in der Chemie nur mit 500 Mark rechnet, ergibt sich so für 13 000 Jahrestonnen Propylen und 6000 Jahrestonnen Ethylen ein jährlicher Verlust von fast 10 Millionen Mark.«

Zwischenprodukt aus Wesseling: Hoechst fertigt aus Hostalengranulat Trinkbecher

Klinkenputzen bei der Shell in Hamburg und London

Erste Verhandlungen über den Einsatz der ab 1953 zu erwartenden Olefine setzten deshalb bereits im Spätsommer 1951 ein. Albert de Graan von der Deutschen Shell AG sondierte am 3. September bei BASF-Direktor Dr. Bernhard Timm in Ludwigshafen das Terrain. Die Aniliner beeindruckten: Sie erklärten sich von vornherein bereit, die kompletten Crackgase – also Propylen und Ethylen – abzunehmen und sie »in gänzlich neue Produkte« zu verarbeiten, »die nicht durch Überangebot gefährdet werden« könnten. Vor allem dachten die Ludwigshafener dabei an Polyethylen.

Heute zählt Polyethylen zu den bekanntesten Thermoplasten unter den Kunststoffen, das heißt zu Chemiewerkstoffen, die sich nahezu unbegrenzt formen und wieder verfestigen lassen, weil sie beim Erhitzen wieder schmelzen. Sie dienen deshalb als Flaschen, Verpackungsfolien, Rohre, Kabelisolierungen oder Lagerbehälter.

Für Hoechst meldete Vorstandsmitglied Prof. Dr. Karl Winnacker bei der Shell Interesse an, die Olefine aus Wesseling in Aceton weiterzuverarbeiten. Im Ersten Weltkrieg ein wichtiges Vorprodukt für Sprengstoffe, hatte sich Aceton zu einem begehrten Lösungsmittel entwickelt. Um Polyethylen herzustellen, fehlten Hoechst damals die Patente. Sie lagen in Ludwigshafen bei der BASF. Was Aceton anlangte, blieben bei den Shell-Experten erhebliche Zweifel, ob sich diese Nutzung der Olefine auf längere Sicht lohnen werde.

Wenig später erfuhren Blumencron und Wissel bei der BASF, daß dort eine »Kombination Shell-Wesseling-BASF Ludwigshafen angenehm« sei. Doch so einfach gestaltete sich die Partnerfrage für die UK nicht. Zu Hoechst gab es bereits enge Bindungen, allein 80 Prozent der Ammoniakproduktion aus Wesseling nahmen die Frankfurter ab. Zum Jahresanfang 1952 machte die Weiterverarbeitung dieser UK-Lieferungen für Hoechst ein Viertel des Umsatzes aus.

Deshalb stellten sich die Frankfurter Farben-Nachfolger ihren Einstieg in die Petrochemie auch in Partnerschaft mit der Union Kraftstoff vor. Das zu Hoechst gehörende Werk Knapsack und Wesseling sollten dazu eng zusammenarbeiten. Deshalb sondierte die Hoechst AG sogar beim RWE Möglichkeiten, sich an der Union zu beteiligen.

In einem Brief von Hoechst-Vorstandsmitglied Karl Winnacker heißt es zu diesen Überlegungen: »Dabei war von vornherein daran gedacht, in Wesseling in enger Zusammenarbeit mit der Braunkohle zu bleiben, und zwar derart, daß die Kraftanlage von UK Wesseling, die in erster Linie die Braunkohle und das RWE interessiert, außer Betracht gelassen werden sollte, und daß von dem verbleibenden Teil der UK Wesseling eine 50prozentige Beteiligung vom Maingau (Hoechst und Knapsack) erworben werden sollte.« Winnacker charakterisierte die Union Kraftstoff dabei als »die für Hoechst lebenswichtige Basis in Wesseling«.

Diesen Beteiligungsplänen der Hoechster standen allerdings Zusagen des UK-Vorstandes an die Shell entgegen. Beim Abschluß des Ölverarbeitungsvertrages hatte er dem Hamburger Unternehmen für den Fall einer möglichen Aktienabgabe eine Option eingeräumt.

Zwar beschwichtigte Blumencron die Bedenken in Frankfurt, dieses Vorrecht der Shell könne die langfristigen Ammoniaklieferungen an Hoechst gefährden: »Das Optionsrecht der Shell soll nur verhindern, daß irgendeine andere Ölgesellschaft Aktien der UK erwirbt.«

Aber Blumencron zeigte auch wenig Neigung an einer Hoechst-Beteiligung, was er höflich mit technischen Problemen erläuterte: »Eine Ausgliederung des Kraftwerkes aus dem Betrieb der UK ist ganz abwegig, weil es sich ja nicht um ein Kondensations-Kraftwerk handelt, sondern um ein Gegendruck-Kraftwerk, das den nötigen Dampf für die chemische Produktion liefert.«

Eine eher verwirrende Situation also über einen Stoff, den es noch gar nicht gab: die Olefine der künftigen Wesselinger Crackanlage. BASF wünschte diese Olefine komplett für sich, konnte sich die Verarbeitung aber mit der UK vorstellen. Hoechst wollte die Crackgase mit Knapsack und Wesseling nutzen, ohne daß die Union für diesen Fall eine Beteiligung der Hoechster an ihrem Unternehmen für erforderlich hielt.

Bei der Wahl zwischen BASF und Hoechst empfand die Union Kraftstoff von der bereits bestehenden Zusammenarbeit bei Ammoniak und Methanol eher Hoechst als passenden Olefine-Partner, sah andererseits aber auch die Chancen einer Kooperation mit BASF, die anders als Hoechst auf dem Kunststoffsektor jahrelange Erfahrungen und entscheidende Patente besaß.

Die Lösung dieser Fragen kam letztlich zwangsläufig vom Besitzer der Olefine, der Shell. Doch zu aller Überraschung entschied nicht die Hamburger Shell, sondern die Londoner Zentrale. Anfang April 1952 erfuhr Karl Winnacker in Hoechst, daß »Ludwigshafen jahrelang Verhandlungen mit der Londoner Shell geführt« hat, wie er dem UK-Aufsichtsratsvorsitzenden Franz Hellberg verärgert mitteilte.

Hostalen aus UK-Ethylen im technischen Einsatz: neue Innenrohre in schadhaften Versorgungsleitungen

Chemie auf neuen Wegen: Seit den fünfziger Jahren entstanden in der Bundesrepublik Anlagen zur Erzeugung von Olefinen

Nabelschnur: Die Ethylenleitung von UK zur ROW wird verlegt

»Wir stehen hier vor der Situation«, fühlte sich Winnacker übergangen, »daß Wesseling mit Hoechst über einen verhältnismäßig großen Zeitraum hinweg Verhandlungen mit dem Ziel einer Zusammenarbeit geführt hat, über die das deutsche Haus der Shell informiert war. Herr Dr. Müller von Blumencron hat mir versichert, daß Wesseling über gleichzeitig laufende Verhandlungen zwischen Ludwigshafen und dem Londoner Haus der Shell nichts bekannt war. Es ergibt sich also die Tatsache, daß drei deutsche Partner – Ludwigshafen einerseits und Wesseling und Hoechst andererseits – mit der gleichen ausländischen Gruppe verhandelt haben, ohne daß beide Teile voneinander etwas wußten.«

Die Verantwortlichen der Hoechst AG sahen sich durch diese Verhandlungstaktik der Londoner Shell-Konzernzentrale »schwer benachteiligt«, gewannen den Eindruck, ihre Interessen nicht durchsetzen zu können.

UK-Geburtshilfe für die Rheinischen Olefinwerke

Die Briten blieben jedoch bis zuletzt cool. Sie buchten Erfahrung, Patente und neue Produkte auf das Konto der BASF, während die Verarbeitung der Olefine zu Aceton als einem Standardprodukt der Kohlechemie ihnen weniger zukunftsträchtig erschien. So erfuhren Blumencron und Wissel Ende Juni 1952 in London den Beschluß der Shell: »BASF und Shell beabsichtigen, Ethylen zu Polyethylen und Ethylbenzol in einer Anlage bei Wesseling zu verarbeiten«. Es hieß »bei« und nicht »in« Wesseling, denn gemeint war nicht die UK, sondern ein neues Unternehmen. Dieser feine Unterschied besagte letztlich, daß die Union Kraftstoff erst zehn Jahre später den großtechnischen Einstieg in die Petrochemie vollziehen würde.

Für die erste große Petrochemiefabrik Deutschlands, die Anfang Oktober 1953 gegründete Rheinische

Olefinwerke GmbH, je zur Hälfte im Besitz von Shell und BASF, übernahm die UK fortan die Aufgabe des Geburtshelfers. Wesseling lieferte in den ersten Jahren die Olefine, mit denen die ROW ihre Produktion aufnahm. In ähnlicher Form wie Shell und BASF fanden sich das Mineralölunternehmen Deutsche BP AG und der Chemiekonzern Bayer AG 1957 zur EC Erdölchemie GmbH in Köln-Worringen zusammen. Von den drei I. G.-Farben-Nachfolgern fehlte nun noch Hoechst nach dem fehlgeschlagenen Kooperationsversuch mit Shell ein petrochemischer Partner – die Union Kraftstoff?

Die Olefine-Zulieferung der UK an die ROW war bis höchstens Jahresmitte 1960 befristet. Von da an sollte die neue Shell-Raffinerie in Godorf den Petrochemiebetrieb versorgen. Aber bereits ab Mitte 1958 konnte sich die UK in ihren unternehmerischen Überlegungen frei von Rücksichten auf die Shell fühlen, da der Rohölverarbeitungskontrakt in einen Rohölkauf- und Fertigproduktverkaufs-Vertrag umgewandelt worden war. Deshalb trafen sich Ende Juli 1958 Vertreter der Dynamit Nobel AG und der UK auf dem Motorboot »Rheintaube«. Eingangs erläuterte Wissel das Interesse von Wesseling, eine »Ausdehnung auf die Petrochemie durchzuführen«. Die Vertreter der Dynamit-Nobel bekundeten zwar Interesse an einer Ethylenanlage von 10 000 Tonnen Jahreskapazität, die jedoch zu bescheiden bemessen war, um diese Initiative rasch weiterzuverfolgen.

Neben dem Wunsch der Union, in einem Arbeitsbereich mit Zukunft Fuß zu fassen, spielte bei den Überlegungen noch ein weiterer Gesichtspunkt eine wichtige Rolle. Nach Auslaufen des Shell-Vertrages 1964 sah sich Wesseling vor die Aufgabe gestellt, 150 000 Tonnen Vergaserkraftstoff im Markt unterzubringen. Das Scheitern der Zusammenarbeit mit Caltex ließ den UK-Vorstand am 1. Juli 1960 im Aufsichtsrat dafür plädieren, kein »größeres Tankstellennetz zu kaufen oder aufzubauen, da dies hohe Investitionskosten erfordere«.

Die Alternative hieß vielmehr, »die Umwandlung von Benzin in Olefine, die ihrerseits die Basis für chemische Produkte, insbesondere für Kunststoffe und Kunstfasern, bilden«. Zugleich besaß der UK-Vorstand bereits konkrete Vorstellungen über diesen neuen Geschäftszweig: »Es bietet sich für die Abnahme der Olefine die Zusammenarbeit mit den Farbwerken Hoechst und eventuell auch mit der Dynamit in Troisdorf an. Wir würden die Olefine herstellen und die chemische Verarbeitung den Chemiewerken überlassen.«

Ethylen aus Wesseling für die Hoechst-Tochter Knapsack

Zum Jahresende 1960 konkretisierten sich die Gespräche mit Hoechst. Der Frankfurter Chemiekonzern stellte zur gleichen Zeit die Weichen für seine künftige Versorgung mit petrochemischen Grundstoffen. Für das Stammwerk schloß Hoechst einen 15-Jahres-Vertrag mit der amerikanischen Ölgesellschaft Caltex, die dazu in Raunheim bei Frankfurt eine Raffinerie errichtete. Per Pipeline bezog Hoechst ab Ende 1963 von dort die in Frankfurt benötigten Olefine.

Nicht weniger wichtig erschien den Konzernstrategen in der Mainmetropole die petrochemische Versorgung ihres Werkes Knapsack, zumal dort die Herstellung von Kunststoffen stark ausgebaut werden sollte. Und dazu bot sich als Vorlieferant – quasi vor der Haustür – die Union Kraftstoff an. In der ersten Jahreshälfte 1961 konkretisierten sich die beiderseitigen Vorstellungen. Aus 250 000 Tonnen Benzin sollten 70 000 Tonnen Ethylen im Jahr produziert werden. Die Investitionskosten taxierte die UK auf 70 Millionen Mark, inzwischen lagen Angebote der erfahrenen amerikanischen Konstruktionsfirmen Kellogg, Lummus und C. F. Braun vor.

Im Herbst 1961 vergab Wesseling den Auftrag an C. F. Braun und den Dortmunder Anlagenkonstrukteur Friedrich Uhde. Inzwischen war der

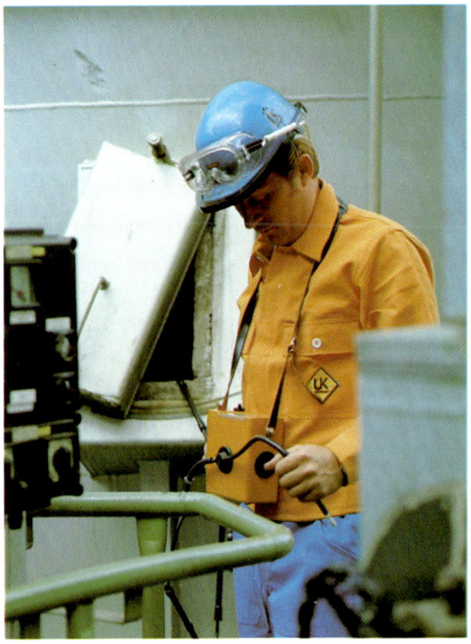

Unter Aufsicht: Zusatzkontrollen gewährleisten einen sicheren und sauberen Anlagenbetrieb

Zeitungsausschnitt: Kölner Stadt-Anzeiger vom 28. Oktober 1963

30 Meter hohe Flamme brennt nur in ihrem Etui

Union Kraftstoff nahm neue Anlage in Betrieb

Von Helmut Gaihser

Wesseling (wg) — Ein herzliches „Glückauf" wünschte Werksleiter Dr. Wissel in der Union Kraftstoff zur Inbetriebnahme des neuen Werkes für die Äthylenherstellung im südlichen Werksgelände. Jährlich werden dort 70 000 Tonnen Äthylen aus Benzin erzeugt. Sie werden durch eine direkte Rohrleitung zur Weiterverarbeitung an das Werk Knapsack der Firma Knapsack-Griesheim und durch einen Rheindüker zum Werk Lülsdorf der Dynamit-Nobel AG gedrückt. Das neue Werk wurde in zwei Jahren von der amerikanischen Firma C. F. Braun und Friedrich Uhde aus Dortmund gebaut.

Aus Anlaß der Betriebseröffnung hatten sich Direktion, Belegschaft und die beteiligten Firmen im Feierraum der Union Kraftstoff versammelt. Werksleiter Dr. Wissel begrüßte die Spitzen der Landkreise Köln und Bonn, der Gemeinden Wesseling und Bornheim, die Vertreter der Genehmigungsbehörden.

Dr. Wissel bei seiner Festrede.

In seiner Festrede sagte Dr. Wissel, daß die Union Kraftstoff auf den Tag genau vor zwei Jahren den Auftrag vergab, 70 000 Jahrestonnen Äthylen durch Spaltung von Benzinen herzustellen. Es sei ein neuer, gewaltiger Betriebszweig entstanden, der die bisherige Jahresproduktion von 500 000 Tonnen Methanol und Ammoniak bei drei Millionen Tonnen Rohöldurchsatz ergänzen soll.

Für den Vertrieb des bisher in der Wesselinger Produktion hergestellten Benzins hatte die Union Kraftstoff keine eigenen Tankstellen. Nach Dr. Wissel war daher der Teileinsatz zur Äthylenherstellung erwünscht. Ein Großabnehmer war gleich mit dem Werk Knapsack der Knapsack-Griesheim AG gefunden. „Es war eine volkswirtschaft glückliche Lösung", sagte Dr. Wissel.

Im Juli 1962 begannen die Betonierungsarbeiten, im November 1962 wurde mit der Montage der Behälter und Kolonnen begonnen. Verzögerungen gab es durch den strengen Winter, aber dennoch waren Ende Juli 1963 alle Apparaturen montiert und die Pumpen begannen ihren Probelauf.

Die Firma Uhde gratulierte durch ihren Inhaber zu einem dreifachen Jubiläum. Einmal zur Fertigstellung der Anlage, dann zum zweiten Jahrestag der Auftragserteilung und zur 25jährigen Zusammenarbeit der beiden großen Firmen. Die Partnerschaft zwischen Friedrich Uhde in Dortmund und der C. F. Braun (USA) stamme vom Bau der Kölner Esso-Raffinerie und habe sich bestens bewährt.

Das Werk in Zahlen

Gewaltige Zahlen wurden von Uhde bekanntgegeben. Die Ingenieure und Techniker leisteten 100 000 Arbeitsstunden. Ohne die Bauarbeiten waren zur Montage der Anlage 600 000 weitere Arbeitsstunden erforderlich. Montiert wurden 12 Öfen, 77 Pumpen, 17 Turbinen, drei Turbosätze, 75 Motoren, 14 Kolonnen, 88 Behälter und 17 Wärmeaustauscher. Das Gesamtgewicht betrug 1200 Tonnen. 40 000 Meter oberirdische und 3000 Meter unterirdische Leitungen, 1000 Regler und Ventile kamen hinzu. Insgesamt mußten 25 000 Meter Kupferrohr verlegt werden, 8000 Meter Kabel, 5000 Armaturen.

Die Anlage ist nach dem neuesten Stand der Technik erbaut. Bei der Trennung der Produkte werden Temperaturen bis zu +1200° C angewandt. Sämtliche zur Anlagensteuerung erforderlichen Werte für Temperaturen, Drücke, Mengen werden einer zentralen Meßwarte übertragen, wo die automatische Überwachung erfolgt. Nur zehn Leute sind an Personal je Schicht erforderlich.

Für reine Luft

Besondere Aufmerksamkeit wurde der Reinhaltung von Luft und Wasser geschenkt. Obwohl bei praktisch schwefelfreiem Rauchgas ein niedriger Schornstein genügt hätte, wurde ein solcher von 80 Meter Höhe errichtet. Um zu vermeiden, daß im Störungsfalle Kohlenwasserstoffe in die Atmosphäre gelangen, entstand mit einem Kostenaufwand von über einer Million Mark eine Fackel — die erste dieser Art in ganz Europa — zur restlosen Verbrennung. Sie ist 32 Meter hoch, ihr Durchmesser beträgt neun Meter.

Das die Anlage verlassende Wasser ist von hoher Reinheit. Es wird von allen schädlichen Bestandteilen durch Ausdampfen mittels Unterwasserbrenner befreit.

Die Umwandlung des Benzins in Äthylen und andere Kohlenwasserstoffe erfolgt in sieben parallel geschalteten Benzin-Spaltöfen. Dort wird das Benzin in Rohrschlangen bei sehr hohen Temperaturen unter Dampfzusatz gespalten.

Die Fackel ist 32 Meter hoch und neun Meter im Durchmesser. Über drei Brennerstufen werden hier im Störungsfalle die Kohlenwasserstoffe ohne Belästigungen der Bevölkerung — quasi im Etui — verbrannt.
Bilder: Weingarten

Kantor Schweden im Rundfunk

Dormagen (df) — Der Leiter des Cäcilia-Kirchenchors, des Chors der katholischen Jugend, des MGV Concordia und des Akkordeon-Orchesters, Kantor Paul Schweden, der am 6. Oktober mit großem Erfolg Haydn's „Schöpfuhg" in der Sporthalle dirigierte, ist am Dienstag, 29. Oktober, 14 Uhr, im Rahmen der WDR-UKW-Sendung „Gradus ad parnassum" mit der Violinsonate A-Dur von M. Reger (mit Anke Kunze, Düsseldorf) und im Klavierkonzert „Claire de lune" von Claude Debussy zu hören.

Goldener Oskar

Gemeinde Hürth (hd) — Zu den ehrlichen Findern zählen die Schüler Heinz Haas, Efferen, Steinstraße 21 (geb. am 28. 7. 1949) und Robert Reitmaier, Hermülheim, Margueritenweg (geb. am 4. 7. 1948). Sie fanden in Hürth auf der Kreuzstraße eine Brieftasche mit 20 DM und Papieren. Sie stellten an den Papieren die Verliererin fest, der sie Brieftasche und Inhalt aushändigten.

Abnahmevertrag mit Hoechst und Knapsack unter Dach und Fach. Der Frankfurter Chemiekonzern verpflichtete sich, seinen Ethylenbedarf von mindestens 50 000 Tonnen im Jahr und seinen Propylenbedarf von 20 000 Tonnen für den Kölner Raum in Wesseling zu decken. Außerdem konnte die Union Hoechst weitere 50 000 Tonnen Ehtylen zur Verarbeitung anbieten oder an Dritte verkaufen.

Auf den Tag genau zwei Jahre nach der Auftragserteilung, am 25. Oktober 1963, war es dann soweit. Vor Vertretern der am Bau beteiligten Firmen und Politikern der Region stellte Dr. Wissel die fertiggestellte Ethylenanlage vor. »Die Union Kraftstoff verfügt über kein eigenes Tankstellennetz für das hier erzeugte Benzin«, erläuterte er den neuen Charakter der UK als petrochemische Raffinerie, »so daß der Einsatz von Benzin zur Ethylenerzeugung erwünscht ist.«

Eine europäische Umweltschutz-Premiere

Schon damals, bevor der Umweltschutz zum Begriff und schließlich zum Reizwort wurde, konnte die UK bemerkenswerte Anstrengungen zur Reinhaltung der Luft vorweisen. »Um zu vermeiden, daß im Störungsfall Kohlenwasserstoffe in die Atmosphäre gelangen«, erklärte Wissel, »wurde eine Fackel zur restlosen Verbrennung solcher Kohlenwasserstoffe errichtet.«

Diese Fackel war nach Art und Größe einzigartig in Europa. Anerkennend staunte der »Kölner Stadt-Anzeiger« in seiner Schlagzeile: »30 Meter hohe Flamme brennt nur in ihrem Etui.« Auf Veranlasssung des technischen Vorstandsmitgliedes Dr. Robert Benke hatte sich die UK schon früher mit Möglichkeiten einer wenig belästigenden Gasverbrennung im Störfall beschäftigt und einen Prototypen des Bodenfackelsystems Schoppe gebaut. Der Ingenieur Benke, der breite Erfahrungen aus seiner Tätigkeit im Hydrierwerk Pölitz mitbrachte und in Wesseling unter anderem die Crackanlage gebaut hatte, setzte sich ebenso erfolgreich für andere Entsorgungsmaßnahmen ein. So initiierte er die erste biologische Abwasserreinigung und die Rückstandsverbrennungsanlage.

Für die Erbauer der Ethylenanlage legte Direktor Hans Uhde eine eindrucksvolle Statistik vor: In über 100 000 Ingenieurstunden und 600 000 Montagestunden waren Aggregate mit 1200 Tonnen Gewicht installiert worden, zum Beispiel zwölf Öfen, 77 Pumpen, 17 Turbinen oder 117 Wärmetauscher. 40 000 Meter oberirdische Rohre und 3000 Meter unterirdische Rohre stellten die erforderlichen Verbindungen her.

Damit setzte die Union Kraftstoff einen neuen Produktionszweig in Gang, der sich bis heute weiter verästelte: die Petrochemie. Olefine wie Ethylen, Propylen, Butylen oder Butadien zählen zu den petrochemischen Primärprodukten, die sich in nur wenigen Verfahrensstufen direkt aus Erdöl herstellen lassen. Mehr als zwei Drittel des heute produzierten Ethylens werden zu Kunststoffen weiterverarbeitet.

Die Erweiterung in zwei Schritten

Ende 1964 erreichte die Ethylenanlage ihre volle Kapazität von 70 000 Tonnen. Hoechst-Knapsack erhielt von UK Ethylen und Propylen, Dynamit Nobel in Troisdorf Ethylen und die Erdölchemie in Dormagen Butadien. Die volle Auslastung der Anlage von Anfang an ließ die UK-Verantwortlichen schon bald an eine Erweiterung denken, zumal Hoechst einen wachsenden Bedarf anmeldete. So entstand das Konzept einer 400 000-Tonnen-Anlage aus zwei parallelen Strängen, die entsprechend der Nachfrageentwicklung in Knapsack im Abstand von zwei Jahren in Betrieb gehen sollten. Am 8. August 1969 erteilte die UK den Auftrag über rund eine Drittelmilliarde Mark an die Konstruktionsfirmen Uhde, C. F. Braun und Lummus.

Ende Januar 1972 verließ bereits erstmals Ethylen den ersten Strang. Der zweite folgte im September 1973. »Es gab wohlmeinende Stimmen«, erinnerte sich Friedrich Hilberath bei der Feier zur Inbetriebnahme, »die uns damals vor einer solchen Aufteilung des Projektes warnten, aber wir werteten den Anreiz größer als das Risiko und sind mit dieser ungewöhnlichen Problemlösung glücklich geworden.«

Es zählt zu den Schwierigkeiten der Chemie, ihre oft faszinierenden Prozesse und Umwandlungen anschaulich zu machen. Dies gilt auch für die Ethylenanlage, die der Laie als undurchschaubares Gewirr von Rohrleitungen, Kabeln und Apparaten betrachtet.

Trotzdem verdient die Leistung der Konstrukteure, Monteure und Betreiber einen weiteren Versuch, die Anlage zumindest in ihren Dimensionen plastisch zu machen. 22 000 Lastwagenladungen Kies verschwanden in der Baugrube, zeitweise arbeiteten 1250 Fachkräfte auf der Baustelle, allein zur Kontrolle der Schweißnähte mußten 25 000 Röntgenfilme belichtet werden.

Die größte Anlage des Werkes: Anfang der siebziger Jahre versechsfachte die UK ihre Olefinkapazität

Damit besaß die UK eine Ethylenkapazität von 480 000 Tonnen im Jahr. In dieser Expansionseuphorie stellte die Union sogar Überlegungen an, in Vlissingen an der niederländischen Nordseeküste eine Produktion von Ethylen und Petrochemikalien aufzubauen, die das benachbarte Werk von Hoechst versorgen sollte. Doch die erste Ölkrise machte es Wesseling schwer, Größe zu zeigen. In den beiden folgenden Jahren lag das Auslastungsproblem nicht in der Rohstoffversorgung, sondern im Bedarf der Abnehmer begründet. Der schärfste Konjunktureinbruch der Nachkriegszeit als Folge der drastischen Verteuerung des Öls ließ auch die Chemiebranche in die Rezession abgleiten. So konnte die UK ihre Ethylenanlage 1975 nur zu 57 Prozent auslasten.

Ethylen vom Rhein für die Ruhrchemie

Ein wichtiger Abnehmer für rund 300 000 Tonnen Ethylen und Propylen war seit Anfang der siebziger Jahre die Ruhrchemie AG in Oberhausen. 1927 von fünf Zechengesellschaften zur Verwertung überschüssigen Koksofengases gegründet, hatte sie sich zu einem beachtlichen Produzenten einer breiten Palette von Kunststoffen weiterentwickelt.

Seit 1967 gehörte die Ruhrchemie zu je einem Drittel Hoechst, Mannesmann und Thyssen. Im Verlauf der Stahlkrise jedoch suchten sich Mannesmann und Thyssen von ihrer Beteiligung zu trennen. Die UK als wichtigster Lieferant der Ruhrchemie sah sich gefordert und erwarb zum 31. Dezember 1981 ein Drittel der Anteile, während Hoechst ihre Beteiligung auf zwei Drittel aufstockte.

Im Rahmen der Neustrukturierung der Union Kraftstoff trennte sich Wesseling Anfang 1984 jedoch wieder von ihrer Ruhrchemie-Beteiligung.

In dem unsicheren politischen Klima der großen Ölförderländer im Nahen Osten begannen sich die Chemiekonzerne um ihre künftige Rohstoffbasis zu sorgen. Bayer hatte durch den Erdölchemie-Partner BP einen Konzern mit international breit

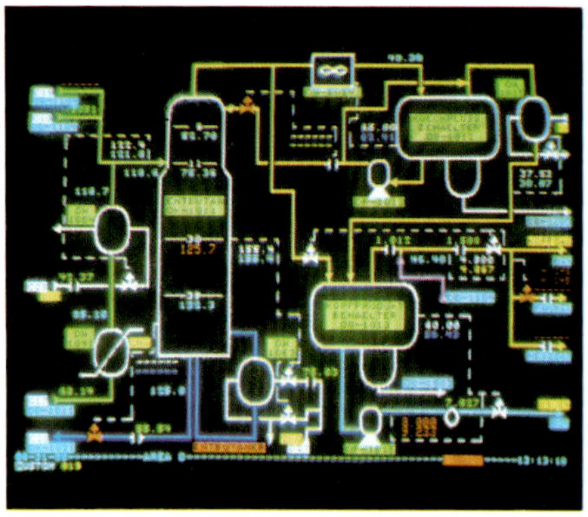

Meßwarte Raffinerie: Kontrollstation zur Überwachung komplexer Produktionsstränge unter Einsatz auch von Bildschirmgrafik, eine optimale Ausbeute im Werksbetrieb läßt sich nur mit Hilfe von Prozeßrechnern erzielen

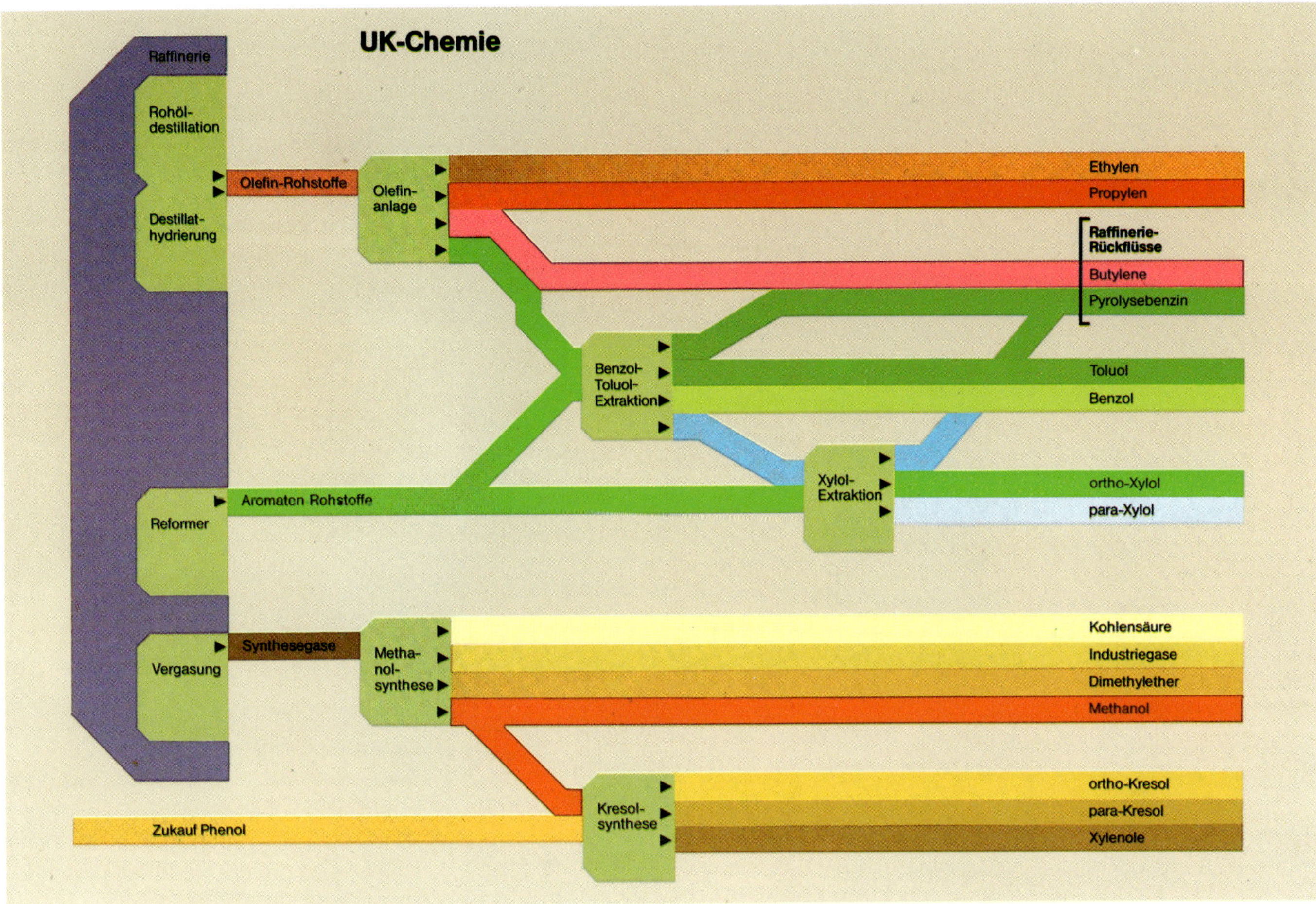

gestreuten Ölquellen als Versorger, nicht anders die BASF mit ihrem ROW-Partner Shell und dem hauseigenen Ölproduzenten Wintershall.

Hoechst – vom Großkunden zum Anteilseigner

Deshalb erschien es Hoechst nach der Ölkrise 1973 geraten, eine stärkere Verbindung zu ihrem petrochemischen Lieferanten Union Kraftstoff zu schaffen. Nach längeren Verhandlungen übernahm der Frankfurter Chemiekonzern schließlich am 1. Januar 1976 eine 25prozentige Beteiligung an der UK.

Doch diese Anteilsübernahme brachte eigentlich keine wirklich neuen Momente für die seit langem bestehende gute Zusammenarbeit. Zum einen begann sich der Ölmarkt wieder zu entspannen, zum anderen reichte eine Minderheitsbeteiligung nicht, um UK zusätzliche Impulse auf neuen Arbeitsgebieten zu geben. Kommissionen bereiteten zwar wichtige unternehmenspolitische Weichenstellungen vor, doch die ab 1980 erneut steigenden Verluste der Rohölverarbeitung überschatteten und verlangsamten den Entscheidungsprozeß. Für Hoechst stellte sich die Frage, ob sich das Festhalten an der Rohölverarbeitung auf längere Sicht lohne. Der Einstieg des Ölscheichtums Kuwait bei Hoechst schien zunächst neue Perspektiven anzudeuten.

Am 1. Januar 1984 zog man jedoch die Konsequenzen aus der gemeinsamen Erkenntnis, daß durch die Lösung der kapitalseitigen Verflechtung und die Fortsetzung der Zusammenarbeit im Rahmen langfristiger Verträge zur Sicherung der Versorgung des Frankfurter Chemiekonzerns mit petrochemischen Einsatzstoffen aus Wesseling den Interessen beider Seiten besser gedient werde. Die Union Kraftstoff hatte sich schon vorher bemüht, durch Aufbereiten von Mitteldestillaten in umgebauten Hochdruckkammern einen Teil der Rohstoffversorgung auf hydriertes Mitteldestillat umzustellen, wenn ein Naphthazukauf zu kostspielig erschien.

Mitte Oktober 1985 ging dann eine der wichtigsten Anlagen im Rahmen des Investitionsprogramms in Betrieb, die Vakuumdestillation VD 500. Diese Anlage gewinnt aus schwerem Heizöl ein Vakuumdestillat, das anschließend in den Hochdruckkammern katalytisch hydriert wird, bevor es in einer eigens umgebauten Olefinanlage das Naphtha als Eingangsstoff ersetzt. Damit bestehen gute Voraussetzungen für eine kostengünstige Versorgung von Hoechst, nun wieder als Großkunde.

Eigenwillige Silhouette: Kugelförmige Lagertanks für Flüssiggase

Zapfstellen: Abfüllen flüssiger Kohlensäure

Aus para-Xylol wird Trevira

Bei der Frage einer engeren Zusammenarbeit galt Wesseling der Hoechst AG keineswegs nur als Großanlieferer von Ethylen und Propylen. Die Union hatte zwischenzeitlich ihre Raffinerieproduktion zielstrebig in Richtung Petrochemie fortentwickelt und verfolgte diesen Weg konsequent weiter. Aus dem Naphtha lassen sich nicht allein die Olefine Ethylen, Propylen und Butadien gewinnen, sondern auch die Aromaten Benzol, Toluol und Xylol.

Mitte 1968 diskutierte der UK-Vorstand erstmals die Chancen, Xylole zu produzieren, und zwar als para-Xylol und als ortho-Xylol. Während ortho-Xylol als Vormaterial für Weichmacher für die Kunststoffindustrie unentbehrlich ist, lassen sich ohne para-Xylol keine knitterfreien und pflegeleichten Polyesterfasern fertigen.

Im April 1969 gab Wesseling bei den Frankfurter Anlagenkonstrukteuren Lurgi eine Xylol-Anlage mit 78 000 Tonnen Kapazität in Auftrag. Wieder setzte sich die Union ein technisch ehrgeiziges Ziel. Sie entschloß sich, ein neuartiges Verfahren der Union Oil Products Co. aus Chicago einzusetzen, weil dies günstigere Herstellungskosten für para-Xylol versprach. Diese großtechnische Weltpremiere ging verständlicherweise nicht ohne Anlaufschwierigkeiten vonstatten, obwohl am 14. Februar 1971 die Produktion von ortho-Xylol beginnen konnte.

Während der ortho-Xylol-Strang von Anfang an den Qualitätsanforderungen genügte, verzögerten Nachbesserungen beim para-Xylol-Strang den problemlosen Lauf dieses Anlagenteils bis 1973. Das ortho-Xylol lieferte Wesseling seither an die Chemische Werke Hüls AG und später auch an die BASF. Das para-Xylol nutzt Hoechst als Ausgangsstoff für seine Polyesterfaser Trevira.

Benzol mit 99,995 Prozent Reinheit

Nach dem Xylol nahm die Union Ende der siebziger Jahre auch die beiden anderen Aromaten Benzol und Toluol in den Blick, die ebenfalls in der Kunststoff- und Chemiefaserherstellung eingesetzt werden.

Benzol dient als Ausgangsstoff für Polystyrol und damit zur Herstellung von Schaumstoffen für Wärmeisolierung und Verpackung. Toluol wird unter anderem als Lösungsmittel in der Produktion von Elektroisolierlacken verwendet. Die Überlegungen stellte der Vorstand an, so seine Erklärung gegenüber dem Aufsichtsrat: »Weil in unseren Anlagen Benzingemische anfallen, die sinnvoll nicht in Treibstoff, sondern in der Chemie untergebracht werden sollten.« Wieder stand also der Veredlungsgedanke Pate für eine neue petrochemische Verästelung im Produktionsprogramm.

Lurgi und Krupp-Koppers erhielten den Konstruktionsauftrag. Schon am 28. August 1980 gab die Anlage ihre erste Tonne Reinbenzol in das Tanklager ab, am 15. September folgte Reintoluol. Die Aromatenanlage besticht in besonderem Maße durch ihre Präzision. Reinbenzol muß zu 99,995 Prozent rein sein, das heißt, die Verunreinigungen dürfen maximal 50 ppm (parts per million) ausmachen. Ein solcher Reinheitsgrad entspricht auf einer Autobahnstrecke von 100 Kilometern ganzen fünf Metern verschmutzter Fahrbahn.

Als Initiator der Xylolanlage, aber auch Motor weiterer Anstrengungen der UK mit petrochemischen Spezialitäten wie Phenolen oder Kresolen, darf Vorstandsmitglied Dr. Friedrich Hilberath gelten. 1942 zur UK gekommen, übernahm er 1948 die Leitung der Hochdruckbetriebe. Ab 1955 betreute Hilberath auch die Forschung, bevor er 1968 in den Vorstand überwechselte.

Mit einer ausgesprochenen Spezialität beschäftigten sich die Forscher in Wesseling seit 1958: dem Dimethylsulfoxid (DMSO). 1866 erstmals im Labor hergestellt, fand sich fast 100 Jahre lang kein Einsatzfeld für diese Substanz. Erst Anfang der fünfziger Jahre wurden Forscher in USA wieder auf DMSO aufmerksam, weil es hervorragende Löslichkeits- und Gefrierschutzeigenschaften besitzt. Da sich Nebenprodukte in Wesseling zur Herstellung von DMSO eigneten, nahm auch die UK eigene Entwicklungsarbeiten auf und konnte sich im Frühjahr 1958 ein halbtechnisches Produktionsverfahren patentieren lassen.

DMSO versprach gute Einsatzchancen als Lösungsmittel für viele Kunststoffe oder Beimischung zum Herstellen von synthetischen Fasern. Praktisch ungiftig, galt DMSO zeitweise auch als Heilmittel etwa bei Brandwunden, Hexenschuß oder Muskelschmerz. Doch als die UK 1966 mit einer kleinen Produktionsanlage startete, waren sich die UK-Vorstände darüber klar, daß der in Kilogramm zu bemessende Arzneibedarf keine großtechnische Erzeugung rechtfertigen konnte: »Vorerst fehlt noch ein Großverbraucher, wie es zum Beispiel ein Kunstfaserwerk sein würde, das DMSO als Spinnmittel verwendet.« Doch die Konkurrenz vergleichbarer Substanzen erwies sich als zu mächtig, so daß die UK im Jahr 1970 ihre DMSO-Anlage abschaltete.

Von Phenol und Methanol ausgehend, wandte sich UK Mitte der sechziger Jahre dem Kresol zu,

Klein, aber oho: Findige Mitarbeiter verbesserten die Ausbeute der Kresol-Anlage wesentlich

einem Vorprodukt für Pflanzenschutzmittel. Bis dahin waren Kresole in Europa nur auf Kohleteerbasis erstellt worden – eine Produktionsweise, die seinerzeit bei den Braunschweigischen Kohlenbergwerken in Helmstedt zu Ende ging. Der synthetische Herstellungsprozeß nach Vorschlägen von Efim Biller als Ersatz für die Teerdestillation stellte einen Erfolg der UK-Forschung dar.

Bei dem UK-Kresolverfahren fielen gleichzeitig Xylenole an, Ausgangsstoffe für Antioxidantien, die die Haltbarkeit von Kraftstoffen oder Kautschuk verbessern und als Baustein für Kunststoffe wie etwa Fernsehgehäuse oder Armaturentafeln dienen. Nachdem eine Versuchsanlage mit 5000 Tonnen Jahreskapazität ermutigende Ergebnisse erbracht hatte, errichtete die UK 1971 eine neue Anlage mit doppelter Leistung.

Das als Lackrohstoff dienende Phenol-Folgeprodukt mit dem Zungenbrechernamen para-tertiär Butylphenol gab Anlaß zu den größten Absatzhoffnungen seit der Produktionsaufnahme 1969. Aber 1975 stellte die UK diese Produktion ein – aus gesundheitlicher Vorsorge gegenüber ihren Mitarbeitern, da sich Anzeichen auf Hautschäden andeuteten.

Eine äußerst gesunde Verkaufsentwicklung nahm statt dessen die 1969 gestartete Herstellung von Kohlensäure in Lebensmittelqualität mit rund 8000 Tonnen Jahresleistung. Mancher durstige Zeitgenosse spürt so mit Hilfe der UK die prickelnde Frische seiner Cola oder Limonade.

Die Kresolanlage steht zugleich für eine Form der Mitarbeiterbeteiligung am Produktionsgeschehen, auf die Wesseling mit Stolz verweist: das betriebliche Vorschlagswesen. Seit Bestehen des Ressorts für Verbesserungsvorschläge im Jahr 1953 gingen über 2800 Belegschaftsanregungen ein. 76 dieser Vorschläge brachten ihren Initiatoren seit 1960 mehr als 1000 Mark ein, zwölf sogar über 5000 Mark.

Die bisher höchste Prämie von 28 606 Mark fiel 1984 an Vorarbeiter Karl-Heinz Roggenkamp und Anlagenfahrer Heinrich Pütz. Ihnen war es gelungen, den Durchsatz der Kresolanlage bei gleichzeitiger Einsparung von Energie durch veränderte Fahrweise erheblich zu steigern – und zwar ohne Investitionsaufwand. Zu Recht würdigte die Spartenleitung diese Initiative als »hervorragendes Beispiel für intelligente Schlußfolgerungen aus der aufmerksamen Beobachtung des Betriebsablaufes«.

Welches größere Kompliment für die UK-Belegschaft ließe sich denken, als daß Vorstandsmitglied Dieter Kempermann 1984 in seiner Silvesteransprache über diese, eben von Mitarbeitern besonders effektiv weiterentwickelte Kresolfabrikation urteilte, sie sei die »relativ beste Anlage des Werkes«?

Die Nachbarschaft

Wesseling und das Werk – eine gewachsene Union

Der Text spricht von »besonderen Leistungen . . . auf dem Gebiet der Luftreinhaltung, für die das Unternehmen erhebliche Anstrengungen erbracht hat, insbesondere zum Schutz der unmittelbaren Nachbarschaft«. Doch das Zitat stammt keineswegs aus einer Werbebroschüre der Union Kraftstoff, sondern aus einer Urkunde für die UK: dem Umweltschutzpreis 1982 des Erftkreises. »Für besondere Leistungen auf dem Gebiet des Umweltschutzes« bedankt sich der Kreistag bei dem Werk.

»Uns' Union« heißt die UK in Wesseling. Eigentlich könnte das Unternehmen über seinen Standort auch »Uns' Wesseling« sagen, denn über Jahre hinaus beeinflußte das Werk wesentlich die Entwicklung der Kommune. Daß dies miteinander und nicht gegeneinander geschah und geschieht, beweist die erstmalige Auszeichnung eines Unternehmens wegen seiner Umweltanstrengungen durch den Erftkreis – ein Dank für gute Nachbarschaft. Umweltschutz versteht die UK nicht als zwangsweise Erfüllung von Gesetzen und Verordnungen, sondern als eigenverantwortliche Fürsorgepflicht für die Region.

Schon in der Wiederaufbauphase der Nachkriegszeit, als überall in der Industrie das Ingangsetzen der Anlagen Vorrang vor anderen Überlegungen hatte, bereitete die UK den Boden für das heutige »Werk im Grünen«. Ausgerechnet der Produktionschef selbst, Ferdinand Engelhard, darf sich als »erster Grüner« der Union bezeichnen. »Das Werk war sehr weitläufig angelegt«, erklärt der passionierte Gartenfreund seine Initiative, »und weil mich das viele Unkraut ärgerte, habe ich vorgeschlagen, Rasen zu säen.« Heute bieten die Werksanlagen mit 700 000 Quadratmetern Grasland, einem Drittel der Gesamtfläche, mehr Grünareal, als manche Stadt vorweisen kann. Allein in den letzten zehn Jahren pflanzte die UK über 260 000 Bäume. Zum Schutz der heimischen Vögel ließ die Werksleitung auch eine große Zahl von Nistkästen aufhängen.

Ein Industriewerk im Grünen, eine Lebensgemeinschaft von Natur und Technik: In Wesseling zeigen sich die Verantwortlichen der UK um diesen Interessenausgleich bemüht. Schließlich sind die möglichen Verursacher von Umweltproblemen zugleich auch die Betroffenen. Wo Arbeitsplatz und Lebensumfeld so eng beieinanderliegen, wächst ein natürliches Verhältnis zur Umwelt.

230 Millionen Mark für Umweltschutz

Bereits 1962 suchte die UK neue Formen der Abfallbeseitigung und verbrannte Phenolschlämme aus der Gasfabrik. Zwei Jahre später wartete das Werk bei der Inbetriebnahme der Ethylenanlage mit einer europäischen Premiere im Umweltschutz auf: eingekapselte Bodenfackeln anstelle belästigender Hochfackeln als Sicherheitsventil für Notfälle. Das geschah immmerhin zwei Jahre, bevor der amerikanische Professor Kenneth E. Boulding international Verständnis für Umweltschutz weckte mit seinem Bild vom Raumschiff Erde, dessen rasch wachsende Zahl von Passagieren mit begrenzten Bordmitteln auskommen muß.

Innerhalb der letzten 15 Jahre investierte die UK in den Umweltschutz rund 230 Millionen Mark. Auch in den kommenden Jahren bleiben dreistellige Millionenbeträge erforderlich, um die Luft reinzuhalten, den Schall zu dämpfen und Abwässer zu klären. Schon heute verursachen Umweltschutzanlagen der Union jährliche Betriebskosten von rund 80 Millionen Mark.

Während die bereits erwähnten rauch- und rußlos arbeitenden Bodenfackeln der Ethylenanlagen das weithin sichtbare Verbrennen von Gasen über Hochfackeln im Störfall nahezu erübrigten, stellte sich für die UK bei ihren Bemühungen zur Luftreinhaltung das Problem geruchsintensiver schwefelwasserstoffhaltiger Abgase. Schon seit 20 Jahren entfernen immer weiter verbesserte »Chemische Wäschen« die Schadstoffe aus den Gasen der Rohölverarbeitung und leiten sie einer Claus-Anlage zu, die den Schwefel zum größten Teil in elementarer Form abscheidet.

Das Werk im Grünen: Der Blick schweift über Äcker und Wiesen zur Union Kraftstoff

Doch damit nicht genug: Erstmals in Europa gliederte die UK dem Claus-Prozeß das Scot-Verfahren der Shell sowie schließlich noch eine thermische Nachverarbeitung an. Damit genügt die Union den strengen Vorschriften der Technischen Anleitung Luft und hält störende Gerüche von der Nachbarschaft im Süden des Werkes und auf der anderen Rheinseite fern.

Emissionsfreies Beladen von Schiffen und Tankwagen

Besondere Beachtung verdienen die Anstrengungen der UK, erstmalig in der Bundesrepublik die beim Verladen und Lagern leicht flüchtiger Mineralölprodukte auftretenden Emissionen zu unterbinden. Bei herkömmlichen Tanks entweichen kohlenwasserstoffhaltige Dämpfe in die Umgebungsluft. Die Union entwickelte deshalb durch Kombination zweier Tanklagertechniken den beatmeten Festdachtank mit innenliegender Schwimmdecke, die ausströmende Atmungsgase zurückhält. Gasüberschüsse bei sich füllendem Tank gelangen über ein geschlossenes Leitungssystem in den Produktionsablauf zurück.

Auch beim sogenannten offenen Laden von Schiffen gelangen umweltschädliche Dämpfe in die Atmosphäre. Darum unternahm die UK besondere Umweltanstrengungen bei der Neuanlage ihres Rheinhafens, über den mehr als die Hälfte der erzeugten Produkte verschickt wird. Für die Füllstellen der Schiffsverladung konstruierte sie elektronisch fernzubedienende Verladearme, die neben dem Befüllen gleichzeitig die verdrängten Gase absaugen und im Gefahrenfall sofort den Ladevorgang stoppen. Eine ebenso emissionsfreie Beladung der Straßentankwagen erforderte wegen der Vielzahl unterschiedlicher Füllöffnungen neuentwickelte flexible Abdichtvorrichtungen. Die früher in die Umgebung entweichenden Dämpfe fließen heute in den Produktionsablauf zurück.

Zur Kontrolle der Umgebungsluft richtete die UK bereits 1974 einen Kleintransporter als Umweltschutzmeßwagen ein. Mit einem Gaschromatographen und zwei Luftanalysegeräten bestückt, ging er mit zwei Mann Besatzung auf Erkundungstour, einen Dieselgenerator mit 5-Kilowatt-Stromaggregat als Energielieferant im Schlepp. 1984 schaffte die Union ein neues, größeres Fahrzeug an, noch aufwendiger mit Meßgeräten, Arbeitstisch und Batterien ausgestattet bis hin zur Nachtspeicherheizung. Der leistungsfähigere Meßwagen erlaubt die akribische Überwachung eines 64 Quadratkilometer großen Meßareals mit 80 Meßpunkten, das mit jährlich 4800 Einzelanalysen intensiv auf seine Luftqualität hin kontrolliert wird.

Emissionsfrei beladen: Straßentankwagen. (Schnitt durch das Befüllsystem)

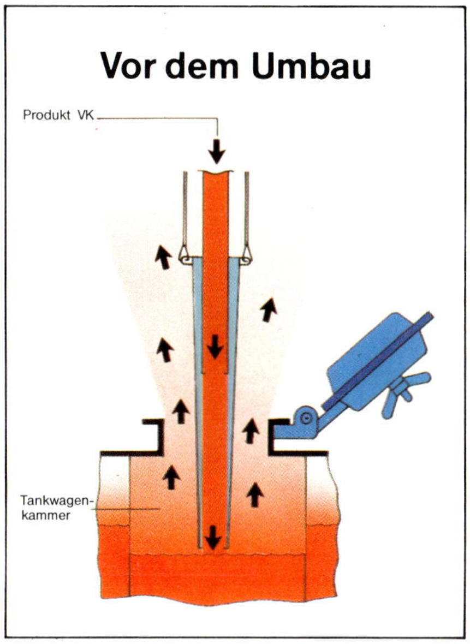

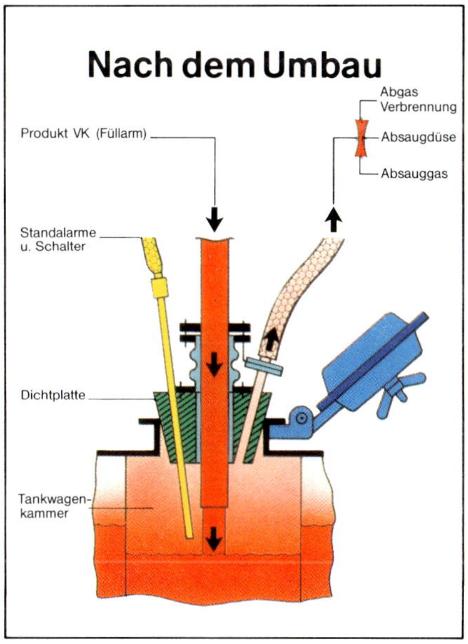

Horchposten: Mikrofon zur Schallmessung in der Nachbarschaft

Die UK wird leiser

Neben der Luftbelastung stellt Schall für petrochemische Werke eine wichtige Herausforderung im Umweltschutz dar. Deshalb nahm die UK Mitte der siebziger Jahre ein umfassendes, auf zehn Jahre angelegtes Schallsanierungsprogramm in Angriff. Zunächst lieferte das technische Beratungsbüro Müller-BBM eine detaillierte Bestandsaufnahme. Anschließend konnten die Dämpfungsmaßnahmen beginnen – in einem petrochemischen Betrieb keine leichte Aufgabe. Denn der Sicherheit wegen müssen die Anlagen in offener Bauweise bleiben, obwohl das Einkapseln die wirksamste Lärmminderung erzielen würde.

Statt dessen tauschte die UK laute Elektromotoren und Ventilatoren gegen inzwischen entwickelte schallarme Nachfolgemodelle aus. Turbinen und Kompressoren bekamen Schallschutzhauben übergestülpt, Öfen erhielten Schalldämpfer zum Mindern der Verbrennungsgeräusche. Bei den Pumpen reichte zumeist eine Isolierung der Saug- und Druckleitungen aus. Das Ergebnis einer Vielzahl von Einzelmaßnahmen im Kampf gegen den Lärm kann sich hören lassen. Die abgestrahlte Schalleistung der UK-Anlagen sank um rund 80 Prozent. Für die Nachbarn bedeutet das: Sie hören 30 Prozent weniger vom Werksbetrieb der Union. Die UK ist leiser als der Verkehr auf Straße und Fluß.

Als Industrieunternehmen am Rhein muß schließlich der Gewässerschutz besonderen Stellenwert in den Umweltaktionen der UK besitzen. Schon immer reinigte die Union ihre Abwässer gemäß dem jeweiligen Stand der Technik, und zwar zunächst mit rein mechanischen und chemisch-physikalischen Methoden. 1971 ließ sich die UK dann eine einstufige biologische Becken-Kläranlage von Lurgi errichten.

Zehn Jahre später nahm die UK eine fünfstufige biologische Großanlage in Hochbautechnik in Betrieb. Diese geschlossene Bauweise vermeidet nicht allein Geruchsprobleme, sie nutzt auch den in das Wasser eingebrachten Sauerstoff besser aus. Bei Baukosten von 40 Millionen Mark säubern die Mikroorganismen in der Anlage täglich 8000 Kubikmeter Schmutzwasser. Diese Reinigungsleistung entspricht dem Bedarf einer Stadt von 300 000 Einwohnern. Die Kläranlage baut außer 6000 Kilogramm organischen Substanzen auch 8000 Kilogramm Ammoniak pro

Labor auf Rädern: Der Meßwagen im Einsatz. Jährlich macht seine Besatzung auf einem Überwachungsareal von 64 km² 4800 Einzelanalysen zur Überprüfung der Luftqualität

Tag ab. Dieses Umwandeln von Stickstoffverbindungen in elementaren Stickstoff entwickelte die UK in mehrjährigen Versuchen. Damit konnte Wesseling erstmals großtechnisch verschiedene biologische Reinigungsstufen in Turmtechnik einsetzen. Insgesamt verfolgt die UK mit ihren erheblichen Investitionen in die Wasserreinhaltung ein dreifaches Ziel: möglichst wenig Grundwasser zu entnehmen, Wasser vorwiegend mehrfach im Kreislauf zu nutzen und möglichst rein in den Rhein zu leiten.

Um den verständlichen Forderungen der Öffentlichkeit nach sauberer Luft, klarem Wasser und erträglichem Lärm ohne schwerwiegende Nachteile für die Wettbewerbsfähigkeit des Unternehmens in einem schwieriger werdenden Markt nachzukommen, muß die Planung neuer Anlagen zwangsläufig höheren Maßstäben genügen. »Behörden-Engineering« heißt dabei ein neues Schlagwort der UK-Konstrukteure. Es meint einen zusätzlichen Arbeitsschritt in der Planungsphase, damit das ins Auge gefaßte Verfahren und die dazu geplante Betriebsweise als genehmigungsfähig im Sinne der Umweltgesetze gelten. Die grundsätzlich wünschenswerte Beteiligung betroffener Bürger am Genehmigungsverfahren erweist sich immer dann als zusätzliche Erschwernis, wenn Einsprüche allein nach dem Sankt-Florians-Prinzip verfaßt werden, also einem das Gemeinwohl mißachtenden Egoismus bis zum eigenen Gartenzaun.

Als Sommergäste 150 Schafe

Daß ein Ausgleich zwischen den Erwartungen der Anrainer und den Erfordernissen des Unternehmens zuweilen nur mühsam erzielbar ist, mußte die UK mit ihrem südlichen Erweiterungsareal im Bebauungsplan 4/75 erfahren. Schon seit 1974 diskutiert und durch die zeitweise Eingemeindung Wesselings nach Köln verzögert, kam es erst 1980 zu den ersten Stellungnahmen, ein Jahr später zur Bürgeranhörung. Die zusätzliche

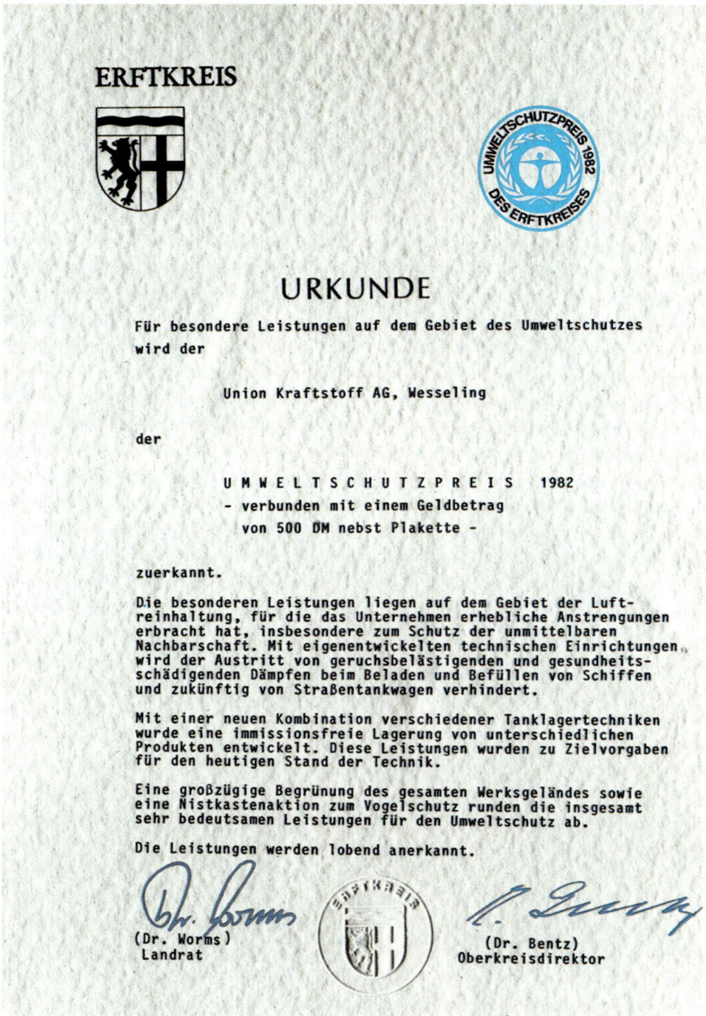

ERFTKREIS

UMWELTSCHUTZPREIS 1982 DES ERFTKREISES

URKUNDE

Für besondere Leistungen auf dem Gebiet des Umweltschutzes wird der

Union Kraftstoff AG, Wesseling

der

U M W E L T S C H U T Z P R E I S 1982
- verbunden mit einem Geldbetrag von 500 DM nebst Plakette -

zuerkannt.

Die besonderen Leistungen liegen auf dem Gebiet der Luftreinhaltung, für die das Unternehmen erhebliche Anstrengungen erbracht hat, insbesondere zum Schutz der unmittelbaren Nachbarschaft. Mit eigenentwickelten technischen Einrichtungen wird der Austritt von geruchsbelästigenden und gesundheitsschädigenden Dämpfen beim Beladen und Befüllen von Schiffen und zukünftig von Straßentankwagen verhindert.

Mit einer neuen Kombination verschiedener Tanklagertechniken wurde eine immissionsfreie Lagerung von unterschiedlichen Produkten entwickelt. Diese Leistungen wurden zu Zielvorgaben für den heutigen Stand der Technik.

Eine großzügige Begrünung des gesamten Werksgeländes sowie eine Nistkastenaktion zum Vogelschutz runden die insgesamt sehr bedeutsamen Leistungen für den Umweltschutz ab.

Die Leistungen werden lobend anerkannt.

(Dr. Worms)
Landrat

(Dr. Bentz)
Oberkreisdirektor

Fläche in Urfeld von rund 150 000 Quadratmetern benötigt die UK, um künftig mit möglicherweise veränderten Produktionsprozessen noch wettbewerbsfähig bleiben zu können. Ohne solche Grundfläche kann ein Unternehmen wie die UK langfristig nicht flexibel planen, wenn der Markt Änderungen in der Produktionspalette verlangt.

Aber noch ernten die Bauern – und das vermutlich auf längere Zeit – auf dem Reserveareal der UK Gemüse. Ihre Tankfelder von 200 000 Quadratmeter Fläche läßt die Union seit 1972 ebenfalls landwirtschaftlich nutzen: von 150 Schafen. Zwischen März und Oktober übernimmt die Herde von Schäfer Heinrich Bollenbach die Grundstückswartung rund um die Öltanks.

Eine Schafherde zeigt auch eines der ersten Fotos über den geplanten Standort der UK. Damals,

UK ausgezeichnet: Als erstes Unternehmen erhält die petrochemische Raffinerie 1982 den Umweltschutzpreis des Erftkreises

Na, wer liegt denn da: Ein fränkisches Skelett läßt tief blicken

Mitte der dreißiger Jahre, sollte die Entwicklung der Stadt Wesseling mit der Ansiedlung der Union Kraftstoff einen entscheidenden Impuls erhalten. Bis dahin führte der Ort am Rhein auf halbem Weg zwischen Köln und Bonn das, was Stadtschreiber gern ein »beschauliches Leben« nennen.

Ein Bronzebeil und Gräberfunde 1944 und 1953 auf dem UK-Werksgelände weisen den Standort der Union als früh besiedelt aus. Wechsel de Ling, Wechsel die Leinen – so erklärt der Volksmund den Ortsnamen und weist damit auf die Bedeutung von Wesseling als Halteplatz für die Pferde der Treidelschiffahrt hin. Josef Dietz nennt jedoch in seinem Heimatbuch die wahrscheinlichere Namensgebung, nämlich die Erwähnung eines Fleckens »Waslicia« im Jahr 900 durch einen französischen Mönch. Die Lage am Rhein als Umspannplatz für den Treidelverkehr bestimmte die Entwicklung des Ortes bis in das letzte Jahrhundert hinein. Westwärts vom Vorgebirge und im Osten vom Rhein begrenzt, brachte erst das Jahr 1901 Wesseling den Anschluß an das Eisenbahnnetz. Dafür kam der Stadt Anfang der dreißiger Jahre die Auszeichnung zu, Anrainer von Europas erster Autobahn zu sein, der Hafraba, die eine Schnellverbindung zwischen Hamburg, Frankfurt und Basel herstellen sollte.

Mobile Rasenmäher – damals wie heute: Auf dem späteren Betriebsgelände weiden Schafe, 50 Jahre später pflegen sie die Anlage im Tanklager

Die Industrialisierung von Wesseling begann 1843 mit der Einrichtung einer Bleiweißfabrik, der 1860 eine Steinkohlenteerfarbenfabrik folgte. Zwanzig Jahre später produzierten die Brüder Zimmermann in ihrer Chemischen Fabrik – heute im Besitz der Degussa – die berühmte Farbe »Preußischblau«. Die Rheinuferbahn zog 1909 einen amerikanischen Hersteller von Schleifmitteln in die Stadt, die Deutsche Norton GmbH. Lebten 1840 nur 1256 Menschen in Wesseling, ließen solche Gewerbeansiedlungen in den dreißiger Jahren dieses Jahrhunderts die Einwohnerzahl auf 7000 anwachsen. Den entscheidenden Anstoß für das Wachstum der Stadt gab die Ansiedlung der Union Kraftstoff.

Wie wenig bis dahin Wesseling im Reich bekannt war, belegt eine Anekdote aus den ersten Arbeitstagen der UK. Ein Belegschaftsmitglied telefoniert mit einem früheren Kollegen. »Mensch, wo bist du jetzt?« möchte der wissen. »In Wesseling«, die Antwort. Stille am Ende der Leitung. »Wes-se-ling, verstehst du jetzt?« Weiter Funkstille. »Wesseling wie Wessely, Paula.« Aufatmen am anderen Ende: »Ach so.« Ob der ehemalige Kollege jedoch seinen alten Kumpel fortan am Wiener Burgtheater vermutet hat, blieb nicht überliefert. Ähnlich wie Leverkusen im Norden Kölns durch die Bayer AG geprägt wurde, spielte die UK fortan für lange Zeit eine solche bestimmende Rolle für Wesseling.

Die UK – ein begehrter Arbeitsplatz

»Die Union Kraftstoff hat Wesseling entscheidend verändert und mit nach vorn gebracht«, bewertet Bürgermeister Alfons Müller den Stellenwert des Unternehmens für die Kommune. Der CDU-Bundestagsabgeordnete und Rheinbraun-Aufsichtsrat liefert zugleich ein Beispiel dafür, wie eng Stadt und Werk miteinander verflochten sind. Noch heute erinnert er sich an Diskussionen in der Familie, als die Hydrierfabrik am Rheinufer gebaut werden sollte: »Mein Großvater hat damals gesagt, jetzt geht das schöne Land verloren.« Während des Krieges arbeitete dann seine Mutter in der UK-Kantine. Und beim Wiederaufbau des Werkes schließlich legte Alfons Müller selbst Hand an, als Stahlbauschlosser im Lohn der Köln-Wesselinger Eisenbau.

Die Hälfte der Union-Belegschaft wohnt heute in Wesseling. »Die Arbeitsplätze bei der UK sind sehr begehrt«, weiß der Bürgermeister aus vielen Gesprächen, »auch wegen der exzellenten Altersversorgung.« Solche Vorsorgemaßnahmen auch für Krankheit oder Tod zählen zu den traditionellen Zusatzleistungen sozial engagierter Unternehmen. Im Oktober 1950 rief die UK eine Alters- und Hinterbliebenenversorgung für die Belegschaft ins Leben, nachdem der Vorstand 1943 bereits eine ähnliche Initiative – allerdings nur für Notfälle – ergriffen hatte. Eine Urabstimmung unter den Mitarbeitern erbrachte 1952 eine Mehrheit von 73,6 Prozent für eine Betriebskrankenkasse, die deshalb am 1. Juli 1953 ihr Geschäft aufnahm. Heute profitiert die Belegschaft von diesem Votum mit einem moderaten Beitragssatz und einer individuellen Betreuung, die auch Rat in Rentenfragen einschließt. Ebenfalls auf eine Initiative aus dem Kreis der Mitarbeiter Anfang der fünfziger Jahre geht die Sterbegeld-Umlage zurück, die vom Betriebsrat verwaltet wird.

Wir sind bei der Union: Fachleute, die wissen, worauf es ankommt

Ein Bundessieger unter den Lehrlingen

Arbeitsplätze wie bei der UK sind auch dann besonders begehrt, wenn ein Unternehmen engagiert ausbildet und den gestandenen Mitarbeitern Chancen zur Weiterbildung einräumt. Schon 1939 stellte die Union 36 Stifte ein und erteilte ihnen besondere Unterweisungen in »Lehrecken« der einzelnen Betriebe. Neben einem Berufsschultag pro Woche gab es anfangs auch einen Sporttag. Außerdem verbrachten die Lehrlinge jedes Jahr 14 Tage in einer Jugendherberge. Zwischen 1952 und 1982 nahmen über 900 Auszubildende an Ferienlagern teil. Diese Freizeiten fern des Werksgeländes im ersten Lehrjahr sollten in besonderem Maße soziale

Vom Fachmann lernen: Aus- und Weiterbildung besitzen bei UK hohen Stellenwert

Die Stifte auf Tour: Lehrlingsfahrt im Jahr 1942

Fähigkeiten fördern wie Hilfsbereitschaft, Toleranz und Disziplin. Im zweiten Lehrjahr schließt sich seit 1973 eine Seminarwoche mit gesellschaftspolitischen Themen an, etwa zu Fragen des Umweltschutzes oder der neuen Computertechnologien für die Arbeitswelt.

Eine solche Atmosphäre weckt offenbar die Freude am Lernen, wie die hervorragenden Prüfungsergebnisse der bislang über 2200 UK-Lehrlinge beweisen. So ging etwa Dietmar Bertsch aus dem Berufswettkampf 1970 in der Sparte Laboranten als Bundessieger hervor. Im gleichen Jahr bezogen die Lehrlinge ihr erstes Ausbildungszentrum, in dem 120 junge Leute zentral unterwiesen werden konnten. Zum 50jährigen Jubiläum beweist die Union Kraftstoff ihren Zukunftsoptimismus in bemerkenswerter Weise durch den Neubau eines Ausbildungszentrums, das den wachsenden Ansprüchen an die Berufsqualifikation voll Rechnung trägt.

Den Gedanken des lebenslangen Lernens griff die Union 1960 mit dem Angebot an Produktionsmitarbeiter zur Weiterbildung in Chemie, Physik, Mathematik und Verfahrenskunde auf. Ab 1965 ließ sich diese Fortbildung auch mit Hilfe von Lernprogrammen absolvieren, was den Teilnehmern individuelle Arbeitsschritte zu selbstgewählten Zeiten erlaubte. Heute erfordern die rasanten Entwicklungen in der elektronischen Datenverarbeitung ständige Lernbereitschaft von den Mitarbeitern in Verwaltung und Produktion, die Ausbildungsabteilung bietet entsprechende Lehrgänge an.

»Immer einen Schritt voraus«

Fachwissen bedeutet die eine Seite für ein erfolgreiches Engagement im Werk, motivierende Arbeitsbedingungen die andere. »Wir waren immer einen Schritt voraus«, bewertet Betriebsratsvorsitzender Willi Garagnon die Anstrengungen der UK zu Arbeitszeit, Schichtorganisation, Arbeitsplatzbewertung und Lohnauszahlung im Vergleich zur Branchenentwicklung.

Vom 4. September 1949 an galt für Angestellte und gewerbliche Beschäftigte in Wesseling die Fünftagewoche mit jeweils neuneinhalb Stunden. Garagnon urteilt scherzhaft über diesen bedeutsamen Schritt zu einem ausgedehnten Wochenende:

»Dr. Wissel hat uns die Frühstückspause weggenommen.« Die Wechselschicht mit 56 Wochenstunden erfuhr 1961 eine wesentliche Veränderung durch das Einrichten einer vierten Schicht. Sie half, 250 von der Umstrukturierung von Kohle zu Öl betroffene Mitarbeiter im Werk weiterzubeschäftigen – und zwar in einer bemerkenswerten konzertierten Aktion von Vorstand und Belegschaft. Von den Zusatzkosten trugen 60 Prozent das Unternehmen und 40 Prozent die Mitarbeiter als Solidaritätsbeitrag. Der damals in Befragungen der Betroffenen als besonders geeignet ermittelte Schichtplan gilt noch heute.

Neben der Arbeitszeit hat die Lohngerechtigkeit großen Anteil an der Zufriedenheit der Mitarbeiter. Deshalb bemühte sich die UK schon früh um die analytische Bewertung von Arbeitsplätzen. Vom Februar 1954 an galt sie für gewerbliche Mitarbeiter. »Vorher kam der Erdbeerbauer aus dem Vorgebirge ins Magazin«, erinnert sich Garagnon, »damit er sich während der Arbeit bei UK ausruhen konnte.« Zwei Jahre später führte die Union den Leistungslohn für Handwerker ein. 1975 folgte die analytische Arbeitsplatzbewertung für Angestellte. Inzwischen laufen Verhandlungen, die Arbeitsverhältnisse von Angestellten und Arbeitern anzugleichen und damit die künstliche Trennung von anno 1924 zu überwinden. Von der Lohntüte verabschiedeten sich die tariflichen Angestellten der UK Anfang der sechziger Jahre freiwillig zugunsten der bargeldlosen Abrechnung, die gewerblichen Mitarbeiter stiegen im September 1964 auf diese Entlohnung um. Den Monatslohn für sie führte die UK zum Jahresanfang 1973 ein.

Außer der Kasse stimmt bei der UK offenbar auch die Firmen-»Chemie« vom Pensionärstreffen bis hin zur Silvesteransprache, mit der ein Vorstandsmitglied Teilen der Belegschaft die wichtigsten Entscheidungen des auslaufenden Jahres näher erläutert. Als Beleg für das gute Betriebsklima darf die durchschnittliche Zugehörigkeit der Mitarbeiter zur UK von rund 15 Jahren gelten – und das ungeachtet der verstärkten Frühpensionierungen im Rahmen der Umstrukturierung.

Der Mensch im Mittelpunkt – eine abgegriffene Formel aus Werbeprospekten: Bei den Tagungen für UK-Mitarbeiter im Walberberger Institut bekommt diese Formulierung wieder Wortsinn. Seit 1960 gehen jeweils rund 30 Belegschaftsmitglieder zu vier zweitägigen Seminaren bei den Dominikanern in die Schule. »Was belastet den Menschen im Betrieb?« hieß die Ausgangsfrage. In den folgenden Jahren weckte Walberberg Verständnis für das Spannungsverhältnis zwischen Jüngeren und Älteren, zeigte Wege zur Menschenführung, forderte aber ebenso zu gesellschaftlicher Verantwortung auf.

Zusammen mit Pater Alfred Woltmann entwickelte die UK 1974 besondere Veranstaltungen für ältere Mitarbeiter als Vorbereitung auf die Pensionärszeit – ein Stück Pionierarbeit innerhalb der deutschen Industrie. Die Teilnehmer aus allen Hierarchieebenen befassen sich dabei mit Vorurteilen gegenüber Älteren und diskutieren eine sinnvolle Gestaltung der künftig ungleich größeren Freizeit. Dieser sanfte Weg aus dem Werkstor hilft, den Abschied vom Arbeitsalltag nicht zum Abstieg in die Anonymität werden zu lassen.

Affentheater beim Werksarzt

Nicht weniger wichtig als solche vorbeugende Pflege der Psyche ist die fachgerechte Hilfe für den Körper. Die medizinische Betreuung der UK-Belegschaft ist seit dem Gründungsjahr gewährleistet. Zunächst versahen zwei Krankenpfleger tagsüber ihren Dienst auf dem Werksgelände, während der praktische Wesselinger Arzt Dr. Schmitz für die medizinische Versorgung verantwortlich zeichnete. Zwischen 1947 und 1980 nahm Dr. Heinrich Wieland die Funktion des Werksarztes wahr.

Sein Engagement erzielte eine Wirkung weit über das Werksgelände hinaus. Als Pionier der Arbeitsmedi-

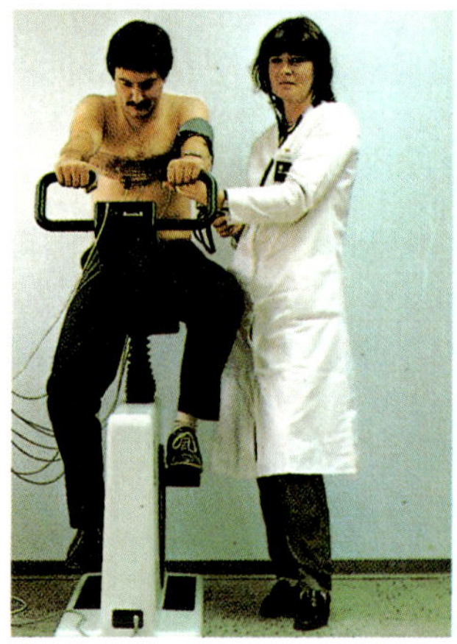

Vorsorgeuntersuchung:
In der werksärztlichen Ambulanz wird der Gesundheitszustand der Mitarbeiter überprüft

Brandeilig: Wehrappell 1940

Ein Wasserschild zur Abschirmung von Brandherden

zin zeichnete er sich neben seiner Gutachterfunktion für die Berufsgenossenschaften und Sozialgerichte vor allem durch eine intensive Kohlenmonoxidforschung aus, deren Ergebnisse dem Gesundheitsschutz vor Ort zugute kamen und in Arbeitsschutzbestimmungen aufgenommen wurden. Zusammen mit dem Gerichtsmedizinischen Institut der Universität Köln und dem Institut für Neuropathologie der Universität Bonn erforschte Wieland neben der gesundheitsschädlichen Wirkung von Kohlenmonoxid auch die Folgen von Schwefelwasserstoff für den menschlichen Organismus. Außerdem stellte der Wesselinger Werksarzt in Kooperation mit der Medizinischen Universitätsklinik Köln Studien zu Problemen des Fettstoffwechsels an, die – wie die anderen Untersuchungsergebnisse – sogar internationale Aufmerksamkeit erregten.

Für diese Forschungen unterhielt Wieland zwischen 1953 und 1968 einen kleinen Zoo auf dem Werksgelände: Ratten, Meerschweinchen, Hunde, Hühner und Affen. Doch die letzteren zeigten sich von ihrer tragenden Rolle für die Wissenschaft wenig beeindruckt und versuchten einmal zu türmen – natürlich vergeblich dank der zupackenden Art der UK-Mitarbeiter.

Der Nachfolger von Dr. Wieland konnte im Februar 1981 den Neubau der werksärztlichen Ambulanz in Betrieb nehmen, nicht nur zur Unfallbehandlung, sondern auch für Vorsorgeuntersuchungen. Mit einem Aufwand von rund 2,5 Millionen Mark ermöglichte die UK mit diesem medizinischen Zentrum eine Reihe völlig neuer diagnostischer und therapeutischer Möglichkeiten. Außerdem wurde die ärztliche Notfallversorgung durchgreifend verbessert. So lassen sich etwa auf einer Intensivstation Schwerverletzte beatmen, ihre Herz- und Lungenfunktion kontinuierlich kontrollieren und mit Infusionslösungen behandeln. Ergänzend schaffte die Union 1985 einen Rettungswagen an, der für alle medizinischen Notfälle ausgerüstet ist. Zugleich darf die UK aber stolz darauf sein, daß sich als Folge intensiver Vorbeugemaßnahmen seit Anfang der siebziger Jahre bei ihr weniger meldepflichtige Be-

Übung mit dem Gelenklöscharmfahrzeug (1986)

Kühle Dusche für die Mitarbeiter: das Freibad am Sportplatz

triebsunfälle ereignen als durchschnittlich in der Chemiebranche.

Der Sicherheit dient auch die ständige Kontrolle der rund 3200 Druckbehälter im Werk. Dies geschieht nicht wie bei vielen Industriefirmen durch Ingenieure der Technischen Überwachungs-Vereine. Statt dessen hat die Berufsgenossenschaft qualifizierte Mitarbeiter der Union Kraftstoff ermächtigt, diese Überprüfungen selbst vorzunehmen.

Karl Gering, der vor seiner Tätigkeit in Wesseling über Jahre die Fertigung der von der I. G. Farben im Ruhrrevier bestellten Apparate und Qualitätsrohre kontrollierte, dehnte bei der UK die Eigenüberwachung von Druckbehältern auf Anlagenteile aus, deren laufende Überprüfung nicht vorgeschrieben war. Diese systematische Kontrolle beginnt vielfach schon im Herstellerwerk, spätestens bei der Anlieferung in Wesseling. Prüfungen während des laufenden Betriebs dienen dazu, möglichst frühzeitig Schwachstellen zu erkennen. UK gewährleistet so die Sicherheit von Nachbarschaft, Mitarbeitern und Betriebsanlagen in eigener Verantwortung.

Das erste beheizte Freibad an Rhein und Ruhr

Über seine wissenschaftlichen Leistungen hinaus sah Werksarzt Wieland seine Aufgabe auch in einer intensiven Förderung des Betriebssports. Er selbst spielte 410mal in der Altherrenmannschaft Fußball. Ob Faustballgruppe, Leichtathleten, Handballer, Tischtennisspieler oder Fußballer: Der Werksarzt wußte ihre Belange gegenüber dem Vorstand zu vertreten. Zu diesen innerbetrieblichen Pokalrunden wurde vielfach ein Fairneßpreis ausgelobt. Diese Tatsache unterstreicht, daß die sportlichen Aktivitäten mehr dem Ausgleich für berufliche Anstrengungen als dem Kampf um Rekorde dienten.

Den Freunden des Wassersports konnte die UK das erste beheizte Freibad Nordrhein-Westfalens bieten. Aus einem Löschteich am Tankfeld entstanden, setzte die UK in diesem Schwimmbad Abwärme ein, um die Wassertemperaturen angenehm zu gestalten. Zeitweise trainierte sogar die deutsche Nationalmannschaft der Schwimmer im Werksbad der Union Kraftstoff.

»Lange Jahre hat die UK Einrichtungen vorgehalten, die wir als Stadt erst später schaffen konnten«, erkennt Bürgermeister Müller solches Firmenengagement an und meint damit neben dem Schwimmbad auch die Werksbücherei und vor allem den Wohnungsbau der Union. Die Anlage des Gewerbegebiets Wesseling-Süd zur Schaffung neuer Arbeitsplätze beweist erst jüngst die gute Kooperation zwischen Stadt und Union. Denn das erforderliche Gelände gab die UK an Wesseling ab. Ende 1980 stiftete die UK 10 000 Mark zur Schaffung

Sangesbrüder: Der Werkchor schreibt Kameradschaft groß

eines »Sportpreises der Stadt Wesseling«, nachdem sie bereits in den Jahren zuvor regelmäßig den Sportvereinen finanzielle Hilfen gewährt hatte.

Neben sportlichen Aktivitäten bestimmen der Gesang, die Pflege karnevalistischen Brauchtums – zeitweise auch das Musizieren im Orchester – das Vereinsgeschehen der Union. Der Werkchor führt seine Anfänge auf die Kriegsdienstverpflichteten im damaligen »Südlager« zurück. Einer von ihnen, Jean Adelfang aus Engers am Rhein, lud sangesfreudige Männer von Mosel, Ahr, Sieg, Rhein und Bergischem Land in eine der 20-Mann-Baracken. Dort probten sie zu den Klängen der Geige von Leon Pielucha und verliehen damit den tristen Abenden ein wenig Harmonie nach Noten.

Mit zeitweise über 100 Aktiven, darunter auch zahlreiche Pensionäre, gestaltet der Werkchor regelmäßig Konzerte, etwa zum Weinfest im Oktober oder aus besonderen Anlässen, etwa 1976 zum 35jährigen Bestehen zusammen mit dem ungarischen Meisterchor der Pädagogischen Hochschule aus Szegedin. Da Gesang und Fröhlichkeit eng beieinanderliegen, zählen Ausflüge wie etwa die Herrentour alle zwei Jahre beispielsweise zum Wolfgangsee oder in das Stubaital ebenso zum festen Veranstaltungskalender wie der Kostümball am Karnevalssamstag.

Seit 1956 entwickelte sich aus Initiativen der A-Schicht im damaligen Betrieb P 2 die Karnevalsgesellschaft der UK, die K. G. Union. Wenn der Betriebsablauf es zuließ, wurden während der Nachtschichten die Sitzungen geplant und gestaltet. In den sechziger Jahren gab Karl Rauchel der Gesellschaft wichtige Impulse, etwa durch die Einrichtung des Appellabends oder der Altensitzungen. Weil Frohsinn ansteckt, schlossen sich 1975 die Frauen der aktiven Karnevalisten im Kegelklub »Lustige Hühner« zusammen.

Doch solche Vereinsaktivitäten bedeuten keinen alleinigen Rückzug ins Private – im Gegenteil. »Die UK zeichnet sich durch konkrete Mitarbeit ihrer Belegschaft an der Entwicklung der Stadt aus«, freut sich Bürgermeister Müller. UK-Angehörige spielten und spielen eine führende Rolle in den Ratsfraktionen, ob der langjährige Betriebsrat und Wesselinger Ehrenbürger Franz Boss, der zeitweilige Bürgermeister Martin Reglin, der Leiter des UK-Neubaus Christoph Golz, Werksschutzchef Peter Möllmann, der frühere Einkaufsleiter Ernst Hiester oder Personalchef Dr. Karl Friedrich Krings.

Dieser Zusammenhalt zahlte sich eindrucksvoll beim Kampf um die Wiedergewinnung der kommunalen Eigenständigkeit aus. Als der Düsseldorfer Landtag am 26. September 1974 Wesseling mit Wirkung vom Jahresanfang 1975 zum Kölner Stadtteil degradierte, fanden sich Kommune und Industrie keineswegs mit diesem Votum ab. Den wesentlichsten Argumentationspunkt neben mangelnden Verflechtungen mit Köln bildete vor dem Münsterschen Verfassungsgericht der sogenannte Einpendlerüberschuß. »Es war ein entscheidender Punkt für die Rückgewinnung unserer Selbständigkeit«, erklärt Alfons Müller, »daß mehr Kölner nach Wesseling zur Arbeit kommen als umgekehrt.« Als die Richter in Münster deshalb am Nikolaustag 1975 die Eingemeindung Wesselings nach Köln für verfassungswidrig erklärten, war dieses Urteil auch der Bedeutung der Industrie für Wesseling und deren Stellungnahme gegen die Eingemeindung zu danken.

Der UK »als größtem Steuerzahler«, so Alfons Müller, kam und kommt dabei die Hauptrolle zu. Stadtdirektor Reinhard Konda formuliert diese Tatsache nicht langwierig mit Gewerbesteuerstatistiken, sondern bündig als Kompliment: »Die Union Kraftstoff ist seit 50 Jahren die bedeutendste Firma für Wesseling überhaupt und hat größten Anteil an der Entwicklung der Stadt.« Alfons Müller pflichtet bildhaft bei: »Die UK ist das Rückgrat von Wesseling.«

Zeittafel

1937 Gründung der UK als Gemeinschaftsunternehmen der rheinischen Braunkohlenwerke
1941 Aufnahme der Produktion von Hydrierkraftstoffen aus Braunkohle
1943 Erreichen der Soll-Produktion von 215 000 Tonnen Autobenzin im Jahr
1944 Stillegung des Werkes nach mehreren Luftangriffen
1945 Wiederinbetriebnahme des Kraftwerks als Stromlieferant für die Region
1946 Umstellung der Hochdruckaggregate auf die Produktion von Methanol und Ammoniak
1947 Erstes UK-Patent von Peukert und Hilberath zur Methanolerzeugung in stählernen Hochdruckapparaten
1947 Beginn der Herstellung von Ammoniak und Methanol
1949 Aufnahme der Rohölverarbeitung für Shell durch Destillieren von Rohöl und Hydrieren von Rohölrückständen
1953 Ammoniak-Liefervertrag mit der Hoechst AG
1956 Beteiligung an der Nordwest-Ölleitung
1957 Gründung der Stickstoff-Werk Krefeld GmbH zusammen mit der Essener Wasag AG
1957 Organschafts- und Ergebnisübernahmevertrag mit Rheinbraun und Roddergrube
1957 Beteiligung an der Vertriebsgesellschaft Caltex Tank-Kraft GmbH
1958 Beginn der Umstellung der Rohstoffbasis von Kohle auf Öl: Inbetriebnahme der ersten Schwerölvergasung
1960 Beginn der Harnstofferzeugung
1960 Anschluß der UK an die Rotterdam-Rhein-Pipeline
1960 Hälfte der Belegschaft in UK-geförderten Wohnungen
1961 Erwerb der Wenzel & Weidmann GmbH in Eschweiler
1961 Zulassung des Harnstoff-Viehfutters »Ukrea«
1963 Aufnahme der Ethylenproduktion
1964 Einsetzen eigener Explorationstätigkeit
1964 Stillegung der Hydrierung
1964 Gründung der UK Tankschiff Reederei GmbH
1966 Aufnahme der Kresolherstellung
1969 Abschluß der Umstellung des Werkes von Braunkohle auf Rohöl
1969 Beteiligung an der Deutschen Erdölversorgungsgesellschaft Deminex
1970 Erwerb der Lichtenberg & Co. in Dortmund
1971 Inbetriebnahme der Xylol-Anlage
1972/73 Erweiterung der Ethylenproduktionskapazität auf 480 000 Tonnen im Jahr
1976 Übernahme von 25 Prozent des Grundkapitals durch die Hoechst AG
1979 Gründung der Rhein-Oel GmbH Wesseling zur Rohölbeschaffung
1979 Stillegung der Ammoniak- und Harnstoffproduktion
1979 Übernahme von 50 Tankstellen aus dem Goldin-Netz
1979 Beginn eines deutsch-amerikanischen Entwicklungsvorhabens bei UK zur Benzinerzeugung aus Methanol nach dem Mobil-Prozeß
1980 Inbetriebnahme der Benzol-Toluol-Anlage
1981 Inbetriebsetzung der fünfstufigen biologischen Abwasseraufbereitung in Turmtechnik
1981 Erwerb der Chemischen Fabrik Ravensberg in Bielefeld und der Deutschen Calypsolgesellschaft in Düsseldorf
1983 Weiterführung der Entwicklungsarbeiten zum Methanol-Kraftstoff M 100 in Eigenregie mit einer Testflotte von 300 Fahrzeugen
1984 Start des größten Investitionsprogramms in der UK-Geschichte mit über einer halben Milliarde DM Kapitalaufwand
1984 Rückgabe der Hoechst-Anteile an UK
1984 Neuorganisation des Mineralölvertriebs durch Gründung der Union Rheinbraun
1984 Verkauf der britischen Explorationstochter
1985 Erweiterung der Produktpalette um Düsentreibstoffe
1986 Aufnahme der Produktion von Grundölen zur Herstellung von Schmierstoffen

Vorsitzende des Aufsichtsrates

1937–1954	Gustav Brecht
1954–1962	Franz Hellberg
1962–1978	Carl-Alex Volmer
1978–1979	Prof. Dr. Dr. Heinrich Mandel
seit 1979	Dr. Friedhelm Gieske

Mitglieder des Vorstandes

1937–1955	Dr. Carl Müller von Blumencron
1937–1947	Dr.-Ing. Heinz Nedelmann
1937–1955	Erich Meissner
1949–1968	Dr. Kurt Wissel
1954–1957	Dr. Fritz Kniepmeyer
1958–1983	Dr. Werner Siebourg
1963–1973	Dr. Robert Benke
1968–1976	Dr. Friedrich Hilberath
seit 1976	Dr.-Ing. Reiner Kühn
seit 1978	Dieter Kempermann
seit 1982	Dr. Horst J. Köhler

Nachwort des Verfassers

Vom britischen Schriftsteller Somerset Maugham stammt die kluge Einsicht: »Kein Lesen ist der Mühe wert, wenn es nicht unterhält.« Wenn Sie, verehrter Leser, mir bis hierher gefolgt sind, hoffe ich deshalb, daß es eine vergnügliche Anstrengung gewesen ist. Der gelernte Historiker und praktizierende Journalist sieht sich beim Schreiben in ständigem Widerstreit zwischen dem, was die geschichtliche Darstellung an Präzision verlangt, und jenem, was die Lesbarkeit an atmosphärischer Situationsschilderung erfordert. Im Zweifel erhielt zwar die farbige Darstellung den Vorzug, aber ohne daß die Richtigkeit der historischen Wiedergabe darunter leiden durfte.

Was macht den Reiz für einen Autor aus, die Geschichte der Union Kraftstoff aufzuarbeiten? Am Anfang stand die Neugier des Journalisten, am Ende die Faszination des Historikers. Was bleibt, ist bewundernde Sympathie: Als Regionalunternehmen trifft die UK der Gegenwind der Energiekonjunktur härter, bleiben weniger Ausgleichsmöglichkeiten bei Rückschlägen. Andererseits erscheint die Bindung der Belegschaft an dieses Unternehmen besonders eng, unterstützt von der Verwurzelung im landstädtisch geprägten Raum Wesseling. Schließlich besitzt die UK Atmosphäre: eine Mischung aus Einsatzwillen, Bescheidenheit, Kameradschaftsgeist und Beharrungsvermögen. Wer dies ein paar Monate lang gespürt hat, wünscht dem Unternehmen seiner engagierten Menschen wegen eine gute Zukunft. Vielleicht hilft der Rückblick, den Mut und Optimismus für die kommenden Jahre zu stärken.

Ein Außenstehender kann eine solche Abhandlung nur erstellen, wenn er intensive Hilfe erfährt. Vertrauensvolle Offenheit und engagierte Gesprächsbereitschaft fand ich bei den Mitgliedern des Vorstandes, dafür herzlichen Dank. Unerwähnt bleiben müssen viele Mitarbeiter, die einzelne Fachkomplexe ebenso kompetent wie detailliert zusammenstellten. Stellvertretend für all diese möchte ich meinen besonderen Dank Dr. Karl Friedrich Krings aussprechen, der mich jederzeit durch Beschaffung von Material, Organisation von Interviews und unermüdliche Auskunftsbereitschaft unterstützt hat. Ihm kommt maßgeblicher Anteil am Gelingen dieser Studie zu. In Kenntnis meiner wirtschaftshistorischen Leidenschaft ermunterte mich der Herausgeber der Wirtschaftsmagazine »Capital« und »Impulse«, Johannes Gross, ausdrücklich zu dieser Untersuchung. Für seine großzügige Erlaubnis, diese Abhandlung neben meiner hauptberuflichen Tätigkeit als Leiter des politischen Ressorts bei »Capital« zu erarbeiten, bin ich ihm sehr dankbar.

Von meiner Ehefrau Eleonore und meinen Söhnen Jens und Tim erforderte diese Zusatzaufgabe eine Zeitlang weitgehenden Verzicht auf gemeinsame Freizeit. Zum Dank für ihr Verständnis sei ihnen dieses Buch gewidmet.

Hans-Josef Joest

Bildnachweis

BASF, Ludwigshafen Seite 23, 27
dpa Frankfurt Seite 9, 36
Deutsches Museum, München Seite 33
Hoechst AG, Frankfurt Seite 48, 84
Lufthansa, Köln Seite 68
Shell AG Seite 55
Stiftung Preußischer Kulturbesitz, Berlin Seite 39
Süddeutscher Verlag Seite 9, 25, 27, 43, 44, 62
UK-Werkfotos

Inhalt